KB162768

왜
금난전권이
폐지되었을까?

교과서 속 역사 이야기, 법정에 서다

42
역사공화국
한국사법정

김시전 vs 박사상

왜 금난전권이 폐지되었을까?

글 이정범 | 그림 박은애

|주|자음과모음

조선 후기의 상업을 공부하다 보면 반드시 금난전권(禁亂廛權)이란 용어가 나옵니다. 금난전권이란 말 그대로 난전을 금지하는 권한을 말합니다. 그렇다면 난전이란 무엇이고, 또 누가 이런 권한을 가졌을까요?

조선 시대에는 초기부터 정부의 계획에 따라 한양 중심가에 시전을 만들게 되었습니다. 시전이라는 것은 여러 가지 물품을 판매하는 가게들을 통틀어 가리키는 것으로 오늘날 도시마다 있는 상가와 비슷한 것으로 생각하면 됩니다. 특히 시전과 상가는 하나의 가게에서 한 종류의 물건을 판매한다는 점이 비슷합니다. 아동복 가게에선 아동복을 팔고 스포츠 용품점에선 스포츠 용품만 판매하는 것처럼 시전에서도 하나의 가게에서 한 종류의 물품만 팔았던 것입니다. 그런데 시전과 상가가 근본적으로 다른 점이 있어요. 그것은 시전 주인이 정부와 결탁한 어용상인인 데 비해 상가의 주인은 순수한 민간 자본으로 장사를 한다는 점입니다.

시전은 정부의 각 관청에서 필요로 하는 물품을 공급했으며 정부에 세금을 바쳤습니다. 그 대가로 자기 시전에서 판매하는 물품에 대한 독점권을 얻었지요. 예를 들어 종로의 한 면주전에서 국산 비단을 팔았다면 다른 가게에서는 국산 비단을 팔지 못하게 했던 것입니다. 이렇게 되면 면주전 주인은 국산 비단을 혼자 판매함에 따라 손쉽게 돈을 벌 수 있게 되는 것입니다.

그러나 임진왜란이 끝나고 조선 후기로 접어들면서부터 큰 변화가 생겼습니다. 그 무렵에는 상업이 크게 발달해 사상(私商), 보부상, 공인, 객주, 선상 등 여러 부류의 상인이 나타났지요. 이렇게 되자 시전 상인들은 큰 위기를 느끼게 되었습니다. 그들은 정부의 허가를 받지 않고 사사롭게 장사를 하는 가게를 '난전'이라고 부르면서 난전을 막을 권한을 달라고 요구했습니다. 그 결과 정부는 18세기 초에 금난전권이란 제도를 만들어 시전 상인을 보호하려고 했지요.

하지만 그 무렵엔 조선에서도 자본주의의 싹이 트기 시작했으며 상업 활동은 더욱 활발해졌습니다. 따라서 시전 상인들의 금난전권은 시대 흐름을 거스르는, 낡은 제도로 여겨지게 되었어요. 이때 시전 상인과 사상들의 갈등은 더욱 커졌으며 그럴수록 시전 상인들의 횡포가 심해지면서 조선의 경제가 크게 흔들렸지요. 특히 큰 자본으로 쌀이나 소금, 어물 등의 물품을 대량으로 사들였다가 그 가격이 올랐을 때 팔아 큰 이익을 남기는 '도고(都庫)'들이 나타나자 백성들 뿐만 아니라 조정에서도 위기를 느꼈습니다. 이에 따라 금난전권을 없애야 한다는 여론이 높아졌고 정조 임금 때인 1791년에는 마침내 금난전권을 폐지하게 되었어요.

이번 재판에서는 금난전권 폐지로 큰 손해를 보았다는 시전 상인이 난전 상인을 상대로 소송을 건 사건을 다루고 있습니다. 이 재판을 통해 조선의 상업이 어떻게 발전했으며 상인들은 어떻게 살았는지, 왜 시전 상인들에게 금난전권이 주어졌다가 폐지된 것이며, 그 결과 조선 후기의 경제가 어떻게 발전했는지 살펴보길 바랍니다. 과연 시전 상인을 대표하는 원고 김시전 씨와 난전 상인의 대표인 피고 박사상 씨 중 어느 쪽 주장이 옳을까요?

이정범

차례

정조는 강화된 왕권을 바탕으로 민생 안정과 문예 부흥을 위한 여러 가지 정책을 폈다. 농업을 발달시키고, 상업 활동을 보다 자유롭게 할 수 있도록 했는데 이로써 상공업이 크게 발달했다. 점차 한양의 인구가 늘어나 도성 밖 곳곳에 새로운 마을이 형성되었으며, 한강에는 많은 배가 드나들면서 포구가 늘어났다.

중학교	역사	Ⅵ. 조선 사회의 변동

15세기 후반부터 등장한 장시는 서울 근교와 지방에서 농업 생산력이 점차 증가함에 따라 발전하였다. 조선은 농민이 농업을 버리고 상업에 몰릴 것을 염려해 장시의 발전을 억제하였으나 일부 장시는 정기 시장으로 정착해 갔다. 16세기 중엽에 이르러서 장시는 정기 시장으로 정착했으며, 전국적으로 확대되었다. 보부상들은 장시에서 농산물, 수공업 제품, 수산물, 약재 등을 판매하여 유통하기 시작했다.

조선은 한양으로 천도하면서 종로 거리에 상점가를 만들고 상업 활동을 통제했다. 여기에서 장사하는 시전 상인은 왕실이나 관청에 물품을 공급하고, 점포세와 상세를 내는 대신에 특정 상품에 대한 독점 판매권을 부여받았다. 이들 시전 중에는 명주, 종이, 어물, 모시, 삼베, 무명을 파는 점포가 가장 번성하였는데, 후에 이를 육의전이라 했다.

고등학교	한국사	IV. 경제 구조와 경제 생활 　3. 근세의 경제 　4. 경제 상황의 변동

조선 후기에는 농업 생산력이 증대되고 수공업 생산이 활발해지면서 상품의 유통도 활성화되어 갔다. 더구나 인구가 증가하고 농민의 계층 분화가 심화되어 농촌 인구가 도시로 유입됨으로써 상업 활동이 더욱 활발해졌다. 18세기 이후 사상들은 전국에서 활발한 활동을 했는데 각 지방의 장시를 연결하면서 물품을 교역하고, 각지에 지점을 두어 상권을 확장해 나갔다.

1405년 명, 정화의 남해 원정(~1433)

1492년 콜럼버스, 아메리카 항로 발견

1498년 바스코 다 가마, 인도 항로 발견

1600년 영국, 동인도 회사 설립

1651년 크롬웰, 항해 조례 발표

1689년 청 · 러시아 네르친스크 조약 맺음

1765년 와트, 증기 기관 완성

1814년 빈 회의(~1815)

원고 김시전

나는 조선 후기 영조 임금 때 태어나 어려서부터 부모님을 따라 종로의 시전에서 장사를 익혔습니다. 시전 중에서 가장 규모가 큰 육의전이며 당시 최고의 옷감으로 손꼽히던 중국산 비단 가게를 물려받아 무탈하게 가업을 이어 나갔지요. 그러던 중 사상들의 위협으로 가게 운영이 어려워지기 시작했고 결국 금난전권이 폐지되기에 이르렀습니다. 이번 재판을 계기로 난전 상인에게 우리의 생존권을 위협하고 상도의를 무시한 비도덕적 행태에 대해 대가를 치르게 하겠습니다.

원고 측 변호사 김딴지

나는 역사에 대한 해박한 지식을 가지고 있으며 잘못된 역사를 바로잡는 데 혼신의 힘을 쏟는 변호사입니다. 논리적인 말솜씨와 냉철한 판단으로 지나간 역사를 돌이켜보는 비판 정신이라면 나를 따라올 자가 없지요, 하하!

원고 측 증인 어건포

나는 육의전 중에서도 마른 미역, 마른 오징어, 북어포 등 바짝 말린 해산물을 파는 내어물전의 주인입니다. 원고 김시전을 도와 시전 상인들의 단체에서 총무로 활동하기도 했습니다.

원고 측 증인 강단속

나는 평시서의 관리였습니다. 평시서는 물가를 통제하고 상도덕을 바로잡는 역할을 하는 곳인데, 내가 근무할 적에는 주로 시전에서 팔 물건의 종류를 정하고 시전 상인의 독점권을 보호하는 일을 맡았지요.

원고 측 증인 이병모(1742년~1806년)

나는 여러 관직을 두루 거치며 백성을 위한 정책을 찾고 정조 임금님을 잘 보필하려고 노력했습니다. 하지만 주상은 내가 노론 출신이라는 이유만으로 자주 내 말을 묵살했습니다.

피고 박사상

나는 한강을 근거지로 활동했던 경강 상인입니다. 우리 사상들은 근면하고 성실하게 노력해 재산을 모았습니다. 게다가 우리들의 배만 불린 것만 아니라 시전 상인들의 횡포로 고통 받는 백성들에게 생활필수품을 공급했고, 결국 시전 상인들을 누르고 조선 상업을 발전시킨 장본인입니다. 그런데 그 공로는 치하해 주지 못할망정 소송이라뇨? 경제 파괴의 주범인 시전 상인에게 소송을 당하게 되니 불쾌하기 이를 데 없습니다.

피고 측 변호사 이대로

나는 역사공화국의 명변호사입니다. 기존의 역사적 평가에는 다 이유가 있다고 생각합니다. 역사적 진실은 쉽게 변하지 않기 때문이죠. 이번 재판에서도 나의 활약을 기대해 주세요.

피고 측 증인 백무명

나는 육의전 중 면포를 팔던 시전 상인입니다. 장사가 잘 안 돼 중국산 비단을 팔기 시작했더니 어느 날 갑자기 원고가 가게로 쳐들어와서 행패를 부렸습니다. 그 후로도 원고의 계속된 협박으로 결국 장사를 접을 수밖에 없었습니다.

피고 측 증인 채제공(1720년~1799년)

나는 정조 임금님을 보필하며 조선 후기의 사회와 경제를 개혁하는 일에 앞장선 채제공입니다. 남인의 지도자였기 때문에 노론 세력의 견제를 받아 많은 시련을 겪어야 했지요. 하지만 소신을 지키며 사노비 해방과 수원 화성 건설 등 많은 정책을 단행해 나갔지요. 특히 금난전권을 폐지한 일은 조선의 백성과 경제를 위해 정말 잘한 일이라고 생각합니다.

판사 공정한

나는 역사공화국에서 공정하기로 소문난 공정한 판사입니다. 이번 재판에서 역사를 바로 세울 수 있도록 최선을 다하겠습니다.

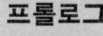
"상업의 근본도 모르는 난전 상인 때문에
시전 상인이 손해를 보았습니다"

여기는 역사공화국 영혼들이 사는 나라에서 가장 잘나가는 김
딴지 변호사 사무실. 김딴지 변호사는 여느 날처럼 책상에 앉아 정
치·사회 현안을 신속하게 접하기 위해 TV 뉴스를 시청하고 있었다.
TV에서는 서울의 종로구가 청계천에서 조선 시대 육의전(六矣廛) 체
험 축제를 개최한다는 내용의 기사가 흘러나왔다.

'경복궁에 이어 광화문 광장에서 육조 거리가 발견되고, 종로
1~2가 근처에 육의전이 있었으니 종로구는 조선 시대 정치·경
제·문화의 중심지였구나.'

머릿속으로 조선 시대의 관리들과 상인들, 평민들이 북적이던 종
로구 풍경을 그려 보던 김딴지 변호사의 귀에 노크 소리가 들려왔다.

"네, 들어오세요."

화려한 차림의 풍채가 좋은 남자가 사무실 문을 열고 들어왔다.

"김딴지 변호사 되십니까?"

"네. 제가 김딴지 변호사입니다."

김딴지 변호사가 대답하자 남자는 당당히 악수를 청했다. 남자는 자리에 앉더니 말문을 열었다.

"유명한 김딴지 변호사를 직접 보니 정말 반갑군요. 나는 조선 시대에 시전을 운영한 김시전이라고 합니다. 시전 상인들의 대표자였습니다."

방금 전 TV에서 육의전 관련 뉴스를 접하고 조선 시대를 상상하

광화문 육조거리. 오늘날의 서울 종로구 세종로를 말하며, 조선 시대 이 길의 좌우에 육조(이조·호조·예조·병조·형조·공조)의 관아가 배치되어 있던 것에서 기원하였습니다. 육조 거리는 한성부 대로로 국가를 상징하는 가장 넓은 길이었습니다. 경복궁 정문인 광화문 앞에 직선으로 개설되어 주작대로 기능을 했습니다.

던 참에 당시의 주요 인물을 만나게 되자 김딴지 변호사는 신기한 마음과 동시에 직업의식이 발동하여 질문을 던졌다.

"남부러울 것 없이 사신 분께서 여기엔 어쩐 일로 오셨습니까?"

김딴지 변호사의 질문에 그때까지 점잖게 말을 이어 나가던 김시전은 갑자기 흥분하여 속사포처럼 말을 쏟아 냈다.

"나는 시전 중에서 가장 규모가 크다는 육의전, 육의전 중에서도 으뜸이었던 비단을 파는 선전의 주인이었습니다. 지금으로 치면 대기업 계열의 백화점 회장과 맞먹는 셈이지요. 집안의 장남인 내 아버지는 '일전'이란 이름을 얻었고, 작은아버지는 '이전'이며, 그 밑에 '삼전'부터 '육전'까지의 이름을 가진 숙부님들이 계실 정도로 명망 높은 상인 집안이 우리 집안이었습니다. 그런데 갑자기 나라에서 금난전권(禁亂廛權)을 폐지하여 큰 손해를 입게 되었습니다."

"시전 상인들은 정부의 도움을 받아 성장했고 정부는 시전 상인들에 기대어 재정을 마련했으니, 악어와 악어새의 관계와 비슷하다고 알고 있습니다. 그런데 왜 정부에서 이런 정책을 취했나요?"

"이게 다 상업의 근본도 모르는 사상들 때문입니다. 우리 시전 상인들은 지금의 공기업과 마찬가지 아니겠습니까? 그런데 사기업에 불과한 난전 상인들이 감히 우리의 특권을 넘보아 이만저만 손해를 본 게 아닙니다. 이에 사상의 대표인 박사상을 고소하려고 합니다."

김딴지 변호사는 국사 시간에도 그저 몇 줄밖에 안 나오는 '금난전권'을 법정에서 다뤄야 한다고 생각하니 머리가 멍해졌다. 게다가 경제 관련 소송은 특히 취약한 분야라 걱정이 이만저만이 아니었다. 그러나 의뢰인에게 약한 모습을 보일 수 없어서 애써 자신감을 가장한 채 물었다.

"제가 이번 재판에서 승소를 하면 어떤 대가를 주시겠습니까?"

"법적으로 정해진 수임료 외에 3년 동안 놀고 먹어도 될 정도의 비용을 지불하겠습니다."

어마어마한 수임료에 김딴지 변호사는 고민할 것도 없이 소송을 맡기로 결정했다. 승소한 뒤의 편안하고 화려한 생활을 상상하니 절로 콧노래가 흘러나왔지만 그러면서도 과연 이번 재판에서 이길 수 있을지 초조해졌다. 상대는 경제 전문가이며 김딴지 변호사의 영원한 맞수인 이대로 변호사라고 한다. 재판일이 코앞으로 닥치자 역사책을 뒤지는 김딴지 변호사의 손길이 점점 다급해졌다.

17세기 말, 새롭게 변하는 조선

　17세기 말, 조선은 정치, 경제, 사회에 있어 새로운 변화가 일어나고 있었습니다. 특히 경제 면에서 변화의 모습이 두드러졌는데 이는 조선 경제가 근대 경제로 넘어가는 준비 과정이었습니다. 서민들은 경제적 변화를 경험하면서 이에 대응하여 삶의 자세를 바꾸어 갔습니다. 농민들은 농작물의 생산력을 높이기 위하여 농기구를 발달시키고 시비법(논밭에 거름을 주는 방법)을 개량하는 등 새로운 영농 방법을 추구했고, 쌀 이외의 작물을 재배하여 소득을 늘리려 했습니다. 상업 활동에 적극적으로 참여하는 상인들이 늘었으며, 이들이 성장해 점차 대자본을 가진 상인들로 변모하였습니다. 민간에서는 농업 외에 수공업 생산도 활발해져 생산 활동을 주도해 나갔습니다. 이러한 과정에서 차츰 자본 축적이 이루어졌으며 지방의 상공업 활동도 활기를 띠어 상업 도시가 출현하고 상품의 유통도 활성화되었습니다. 그리고 당시 부세 및 소작료의 금납화는 상품 화폐 경제를 더욱 촉진시켰으며 조선 후기 상업 활동의 중심인 공인과 사상의 활동도 활발해졌습니다. 그중에서도 처음에는 공인들이 상업 활동을 주도했으나 18세기 이후에는 사상들이 한양을 비롯한 각지에서 활발한 활동을 벌이며 상권을 확장해 나갔습니다. 조선 후기 사상의 성장은 이 시기에 전국적으로 발달한 장시를 기반으로 한 것으로, 장시는 지방민들의 교역 중심지로 보통 5일마다 열렸으며 18세기 중엽에는 전국에 1000여 개소가 만들어졌습니다. 한편 보부상은 농촌의 장시를 하나의 유통망으로 연계시켰으며 보부상단이라는 조합을 이루어 단결된 모습으로 활동했습니다.

원고 | 김시전	대리인 | 김딴지 변호사
피고 | 박사상	대리인 | 이대로 변호사

청구 내용

나 김시전은 조선 후기 영조 임금 때 태어나 어려서부터 부모님을 따라 운종가(종로 일대)의 시전에서 장사를 익혔습니다. 내가 부모님께 물려받은 시전은 시전 중에서 가장 규모가 큰 선전(비단을 팔던 가게로 입전이라고도 함)이며 당시 최고의 옷감으로 손꼽히던 중국산 비단을 팔았습니다.

조선 초기부터 정부는 시전 상인들에게 여러 가지 세금을 거둬 재정 수입을 늘렸습니다. 그리고 각 관청에서 필요한 물품을 원가대로 공급하도록 했고 그 대가로 시전 상인에게 물품의 독점권을 주었던 것입니다.

하지만 이런 상업 체계는 조선 후기로 들어서면서 무너졌는데 그것은 수많은 사상들이 등장해 우리의 생존권을 위협했기 때문입니다. 이에 따라 나 같은 시전 상인은 18세기 초에야 금난전권을 얻었습니다. 그러나 이것도 잠시! 채 100년도 지나지 않아 금난전권이 폐지됨에 따라 큰 손실을 입게 되었습니다. 또한 수많은 시전 상인이 장사가 안 되어 가게 문을 닫는가 하면 영세한 상인이 되었습니다. 따라서 원고는 우리의 생존권을 위협한 난전 상인들에게 손해 배상을 청구하기 위해 이번에 소송을 제기합니다.

난전을 대표하는 피고 박사상은 우리가 정부와 결탁한 어용상인(권력자나 기관에 영합하여 권력의 보호를 받으며 궁궐이나 관청 따위에 물건을 대는 상인)이라며 모독했고, 우리가 자신들에게 온갖 횡포를 부렸다고 모함하지만 이는 전혀 사실이 아닙니다. 따라서 나는 이번 재판을 통해 우리 시전 상인들이 억울한 누명을 벗고 그동안 입었던 정신적, 물질적 손해를 배상받고자 합니다.

입증 자료

- 중학교 역사 교과서
- 고등학교 한국사 교과서
- 『승정원일기』
- 『번암집』
  그 외 자료 추후 제출하겠음.

위 청구인 김시전
역사공화국 한국사법정 귀중

시전 상인들은 왜 금난전권을 가지게 되었을까?

1. 조선 시대에 상인의 위치는 어떠했을까?
2. 임진왜란 이후에 상업에 어떤 변화가 일어났을까?
3. 시전은 어떻게 운영되었을까?

1

조선 시대에 상인의 위치는 어떠했을까?

금난전권은 왜 만들어졌다가 폐지된 것일까? 조선 시대 상업 활동에 가장 큰 변화를 주었던 금난전권 폐지를 둘러싸고 첫 번째 재판이 열리는 오늘, 법정 안으로 모여든 방청객들이 삼삼오오 대화를 나누고 있었다.

"무슨 법정이 시장 바닥처럼 시끄럽구먼."

"허어! 자네야말로 시끄럽구먼. 그나저나 저 김시전이란 사람은 한 덩치 하는구그래."

"그러게 말이지. 금난전권 폐지로 손해를 보았다며 난전 상인을 고소했다더니 사실은 잘 먹고 잘 살았던 모양일세."

"하지만 난전 상인들도 좀 심하긴 했어. 아무리 돈을 버는 것도 좋지만 남의 영업권을 침범하지 않았나?"

왜 금난전권이 폐지되었을까?

그렇게 사람들이 떠드는 동안 이번 사건을 맡은 재판관이 입장하자 순식간에 법정 안은 찬물을 끼얹은 듯 조용해졌다.

판사　지금부터 재판을 시작하겠습니다. 방청객과 배심원 여러분들은 모두 자리에 앉아 주세요. 이번 재판은 조선 후기 시전 상인들의 대표인 김시전이 금난전권 철폐의 부당함을 주장하며 난전 상인의 대표인 박사상에게 소송을 제기한 사건입니다. 먼저 원고 측 변호사, 이번 소송에 대해 간단하게 설명해 주세요.

김딴지 변호사　존경하는 재판장님, 그리고 배심원 여러분. 시전 상인은 조선 초기부터 정부의 재정을 책임지며 상업을 발전시켜 온 분들입니다. 한마디로 조선 경제의 디딤돌과 같은 역할을 했다고 할 수 있죠. ▶그들은 나라의 여러 관청에서 필요로 하는 물품들을 공급했으며, 세금도 내야 했습니다. 그 대가로 자신들이 파는 물품에 대한 독점권을 얻게 되었지요. 그런데 임진왜란이 끝난 조선 후기로 접어들면서부터 난전 상인들이 야금야금 시전 상인들의 생존권을 위협했습니다. 시전 상인들은 정부에 물품을 공급하고 꼬박꼬박 세금을 내느라 허리가 휘고 금세라도 쫄딱 망하게 생겼는데 난전 상인들마저 설쳐 대니 어떻게 가게를 유지할 수 있었겠습니까? 그런데도 정부는 시전 상인들이 가진 특권이 필요 없다며 금난전권을 폐지했으니 이처럼 억울한 일이 또 있을까요?

　따라서 원고는 시전 상인들의 생존권을 위협한 난전 상

▶ 왕실이나 관청에 물품을 공급하는 대신에 시전 상인은 특정 상품에 대한 독점 판매권을 부여받았습니다.

무소불위
하지 못하는 일이 없을 만큼 제
멋대로 권력을 휘두르는 것을 말
합니다.

기득권
사람이나 국가가 이미 획득한
권리를 말합니다.

인들의 잘못을 따지기 위해 이번 소송을 결심하게 되었습니다. 시전 상인들이 정부와 일반 백성, 난전 상인 모두에게 따돌림을 받게 된 일은 참으로 억울합니다. 시전 상인들에 대한 부정적인 이미지는 난전 상인이 일부 시전 상인들의 허물을 과장하거나 정부와 시전 상인과의 관계에 대한 오해에서 비롯된 것입니다. 따라서 본 변호인은 이번 재판을 통해 난전 상인들의 잘못을 낱낱이 밝히고 시전 상인들이 입은 정신적·물질적 피해를 반드시 보상받고자 합니다.

판사 김딴지 변호사의 청구 이유를 잘 들었습니다. 이번엔 피고 측 변호인이 발언해 주시지요.

이대로 변호사 난전 상인인 피고 박사상의 입장에서 이번 사건은 참으로 어이없는 일이 아닐 수 없습니다. 금난전권이라는 **무소불위**의 권력을 휘두르며 횡포를 부리고 난전 상인들을 핍박하던 시전 상인이 오히려 피고를 소송하다니요? 시전 상인들은 **기득권**을 유지하기 위해 수단 방법을 가리지 않은 것은 물론이거니와 부당하게 폭리를 취하는 과정에서 난전 상인들에게 피해를 입혔고 그로 인해 백성들의 생활까지 궁핍해졌습니다. 손해 배상 소송을 제기해야 할 사람은 오히려 이쪽입니다.

판사 양측에서 서로 손해를 입었다고 주장하니 재판을 통해 여러 정황을 살펴보고 차근차근 진실을 가려내는 것이 좋겠습니다. 그럼 본격적으로 재판에 들어가겠습니다. 어느 쪽에서 먼저 발언하시겠습니까?

김딴지 변호사 저희 측에서 먼저 이야기하겠습니다.

판사 좋습니다. 그럼 원고 김시전은 일어서서 자기소개를 해 주시기 바랍니다.

김시전 나는 조선 후기 영조 임금 때 태어났는데 어려서부터 상업에 종사했습니다. 왜냐하면 우리와 같은 시전 상인들의 신분과 지위는 대대로 이어지기 때문입니다. 나는 장사를 하는 재주가 뛰어났을 뿐만 아니라 지도력이 워낙 좋은 나머지 정조 임금께서 즉위하신 뒤로는 시전 상인들의 대표로 선출되었습니다. 그런데 난전 상인들의 세력이 점점 확대되기 시작하자 금난전권을 폐지하자는 목소리가 높아지게 되었습니다. 결국 1791년에 신해통공(辛亥通共)이라는 조칙으로 정조 임금께서 금난전권을 폐지시켰고 이로 인해 시전 상인들은 금전적으로 엄청난 손해를 입게 되었습니다.

판사 계속해서 금난전권이라는 용어가 시전 상인과 결부되어 언급되는데 금난전권이 정확히 무엇입니까?

김시전 금난전권은 말 그대로 난전을 금하는 권리를 말합니다. 난전이란 시전을 어지럽히는 행위라는 뜻으로 전안에 등록되지 않은 자나 판매를 허가받지 않은 상품을 성안에서 판매하는 가게를 말합니다. 이렇게 나라의 허가 없이 몰래 상품을 사고팔던 난전 상인들 때문에 시전 상인들의 상권이 침해를 받자 생겨난 것이 금난전권입니다.

보부상 인장. 보부상은 생산자와 소비자를 연결하던 조선 시대 전문 상인으로 이 인장이 없으면 활동할 수 없었습니다.

판사 그럼 시전 상인을 제외한 상인들을 모두 난전 상인이라고 불렀나요?

김시전 그렇지 않습니다. 조선 시대에는 나라에 허락을 받고 상업 활동을 하는 시전 상인, 공인, 보부상이 있었고, 나라에 종속되지 않고 자유롭게 활동하던 자유 상인이 있었습니다. 자유 상인은 송상, 만상, 경상과 같은 사상과 객주, 그리고 난전 상인 등으로 나눌 수 있습니다.

판사 그러니까 모든 상인이 시전 상인과 난전 상인으로 분류되는 것은 아니군요?

김시전 네, 그렇습니다. 시전은 시장 거리의 가게라는 의미로도 쓰이지만 과거에는 수도의 시가지에 있던 큰 상점을 말합니다. 따라서 일반적으로 조선의 수도였던 한양에 상설 점포를 연 사람을 시전 상인이라 부르고, 성안에서 무허가로 장사를 벌이는 사람을 난전 상인이라 불렀습니다.

판사 말하자면 한양이라는 지역 안에서 활동하는 상인을 시전 상인과 난전 상인으로 분류할 수 있는데, 그 기준을 나라에서 상업 활동을 허가했느냐 아니냐에 두었다는 얘기군요.

김시전 네, 그리고 그런 기준이 조선 시대만의 특징은 아니었습니다. 시전은 원래 나라에서 설치한 기구였습니다. 삼국 시대의 신라 때부터 나라에서 수도에 시전을 열어 상품을 유통시켰다는 기록이 남아 있습니다. 조선의 시전도 조선 왕조가 한양으로 천도하면서 종로 거리에 시전을 신설하면서 생겨난 것이지요. 그때 고려의 수도인 개경(개성)에 있었던 시전 상인들을 이주시켜 장사하게 한 것입니다. 그러니 나라의 허락이 얼마나 중요한 것이었는지 알 수 있겠지요.

판사 그렇군요. 그럼 한양의 난전 상인들은 나라의 허락을 받고 떳떳이 상업에 종사하면 될 텐데 정부나 다른 상인들의 눈치를 보며 장사를 해야만 했던 이유가 있었나요?

이대로 변호사 판사님, 그건 저희 측 피고와 관련된 사항이니 제가

교과서에는

▶ 조선 초기에 신진 사대부들은 중농 정책을 주장하면서 농업 생산력을 증가시키고 농민의 조세 부담을 줄여 농민을 안정시키려고 노력하였습니다. 반면 사대부들은 상공업자가 허가 없이 활동하는 것을 규제하였는데 상공업이 발달하면 백성들이 사치와 낭비를 일삼고 빈부의 격차가 커진다고 생각했기 때문이지요.

말씀드리겠습니다.

판사   네, 그럼 이대로 변호사가 말씀해 주시지요.

이대로 변호사   난전 상인이 발생한 이유를 알기 전에 먼저 조선 시대의 상업 정책에 대해서 말씀드릴까 합니다. ▶조선 왕조는 창건 초기부터 농업은 우대하되 상업은 억압하는 정책을 펼쳐 왔습니다. 이 정책을 '중농억상(重農抑商)'이라고 합니다. 그런 데다 직업에 따른 사회 계급을 '사농공상(士農工商)'으로 나눠 신분 차별이 생겨났지요. 즉 선비, 농민, 장인, 상인 순서로 직업의 귀천이 정해졌으니 제일 낮은 신분인 상인 중에서도 난전 상인들이야 얼마나 푸대접을 받았는지 짐작할 수 있습니다.

판사 무슨 이유로 중농억상 정책을 시행했습니까?

이대로 변호사 조선 초기에 중농억상 정책을 편 데에는 여러 이유가 있었습니다만 무엇보다도 조선의 국가 이념인 유교와 깊은 관련이 있습니다. 유교에서는 물질적 부를 이루는 것보다 내면의 성숙과 자기 수양, 도덕을 중시했습니다. 이러한 사상이 나라의 경제 정책에도 반영되어 농본주의를 표방하게 된 것입니다.

판사 부자가 되는 것과 도덕 사이에 무슨 상관이 있을까요? 양반들은 상인들이 항상 비도덕적인 방법으로 부를 쌓는다고 생각했었나 보죠?

이대로 변호사 조선 시대가 계급 사회인 것은 모두 알고 계실 것입니다. 그중 선비는 지배 계층으로서 지적 수양에 힘쓰며 나라의 주요 정책을 결정하는 관리가 되는 한편 각종 특권을 누릴 수 있었습니다. 국가 재정의 가장 중요한 부분을 담당하는 농민은 피지배층 중 가장 나은 대접을 받았고, 목수나 도공, 대장장이 같은 수공업을 업으로 하는 장인은 그다음으로 낮은 신분을 가지게 되었습니다. 그러나 상인은 아무것도 생산하지 못하면서 사고파는 행위로만 이득을 얻는 유일한 직업이기 때문에 멸시를 당한 것입니다. 다시 말해서 상업 인구가 늘어날수록 놀고 먹는 자가 늘어나 사치와 낭비가

조선 시대에 상인들은 멸시를 받았지요.

심해진다고 생각했었죠.

판사 중농억상 정책을 시행한 또 다른 이유는 무엇입니까?

이대로 변호사 고려 말에 국가 재정이 파탄 나고 민생이 어려워 지자 재정 수입을 안정적으로 확보하고 민생고를 해결하는 것이 시급했습니다. 게다가 옛날의 임금들은 백성들 모두가 잘 먹고 잘 사는 것을 통치의 목적으로 삼았기 때문에 농민들이 보다 많은 식량을 생산하여 생활이 안정되도록 했지요. 그런데 농사를 짓다 보면

풍년이 들 때도 있지만 가뭄이나 홍수로 흉년이 들 때도 있습니다. 풍년에는 곡식의 가격이 떨어지지만 흉년이 들 땐 곡식 가격이 하늘 높은 줄 모르고 치솟게 됩니다. 따라서 정부는 **상평창**이란 기관을 두어 풍년일 때 곡식을 많이 사들여 보관했다가 흉년에는 곡식을 풀어 가격을 조절했습니다. 이때 상인들이 옳지 않은 방법으로 이익을 얻는 일이 많았기에 농민을 보호하기 위해 상인들을 억압하는 중농억상 정책을 펴게 된 것입니다.

판사 이 변호사 말을 들어 보니 조선이 그런 경제 정책을 펼친 연유에 대해 수긍할 만한 점이 있다고 생각되는데요.

이대로 변호사 저도 조선의 경제 정책에 대해서 무조건적으로 비판하자는 것은 아닙니다. 하지만 임진왜란 이후 상업이 크게 발달함에 따라 중농억상 정책은 **유명무실**해지고 말았습니다. 그런데 지배자들은 시대의 흐름을 읽지 못하고 나라의 근본은 농업이라는 사상을 고수하며 성장해 가는 시장 경제를 억누르려고 했던 것입니다. 따라서 시장의 수요에 따라 많은 상인들이 생겨났지만 정부는 그들에게 난전 상인이라는 오명을 뒤집어씌운 것입니다.

상평창
고려, 조선 시대의 물가 조절 기관이었던 상평창은 1608년 선조 때 선혜청으로 이름을 바꿨습니다.

유명무실
이름은 그럴듯하지만 실속이 없음을 말합니다.

2

임진왜란 이후에
상업에 어떤 변화가 일어났을까?

판사　　임진왜란 이후 상업이 발달한 과정에 대해 좀 더 설명해 주시겠습니까?

이대로 변호사　　임진왜란은 이순신 장군의 눈부신 활약에 힘입어 조선의 승리로 끝났지만 그것은 상처뿐인 영광에 지나지 않았습니다.

판사　　상처뿐인 영광이라……, 어디서 많이 들어 본 말이군요. 임진왜란 때의 승리가 왜 상처뿐인 영광인가요?

이대로 변호사　　수많은 관군과 의병, 백성들이 목숨을 잃었으며 농경지가 초토화되었기 때문입니다. 그런 나머지 임진왜란 전의 농경지가 150만 결이었는데 전쟁을 겪은 뒤로는 사분의 일도 안 되는 30여만 결로 줄었던 것입니다.

판사 농경지가 줄었으니 곡식 생산량이 그만큼 줄어들었을 것이고 조선의 경제가 크게 위태로워졌겠군요?

이대로 변호사 당연합니다. 그래서 조선 정부는 재정을 마련하기 위해 여러 가지 정책을 폈는데 그 일로 신분 제도가 무너지기도 했습니다.

판사 어떤 정책이 신분 제도를 무너뜨렸습니까?

이대로 변호사 임진왜란이 일어나자 선조 임금과 대신들은 궁궐

분수령
어떤 사실이나 사태가 새롭게 발
전하거나 변하는 전환점입니다.

을 버리고 북쪽으로 피난을 떠났습니다. 이때 백성들은 크게 실망하고 분노했습니다. 어떻게 왕이 백성들을 놓아둔 채 도망을 칠 수 있느냐, 우린 누굴 믿고 살란 말이냐 하고 말입니다. 그래서 성난 백성들은 궁궐로 달려가 홧김에 불을 질렀습니다. 이때 노비 문서를 보관하던 장예원 건물이 불에 타 없어지면서 신분 질서가 크게 무너졌던 겁니다. 그런 데다 임진왜란이 끝난 뒤 만들어진 납속제도 신분 질서를 흔들었습니다.

판사 납속제가 무엇입니까?

이대로 변호사 납속제란 돈을 주고 높은 신분을 사들이는 걸 말합니다. 이를테면 노비가 정부에 돈을 바치면 상민으로 올라가고 상민이 바치면 양반이 될 수 있었던 것이죠. 더구나 전쟁 때 공을 세운 사람들도 신분이 높아져서 어제의 노비가 오늘은 양반 행세를 하는 경우도 많았다고 합니다.

판사 아무튼 임진왜란으로 조선의 경제는 큰 위기를 맞았고 신분 제도가 무너져 사회가 혼란스러웠군요.

이대로 변호사 그래서 임진왜란은 조선의 역사를 가르는 **분수령**으로 불리고 있습니다. 다시 말해 임진왜란을 계기로 조선의 역사는 전기와 후기로 나눠지게 되었던 것입니다. 하지만 임진왜란의 상처는 차츰 아물기 시작했고 조선의 경제도 살아났습니다.

판사 어떤 계기로 경제가 살아날 수 있었나요?

이대로 변호사 앞서 말씀드렸듯이 그 당시엔 신분 제도가 흔들려서 사농공상으로 나눈 기존의 신분 개념이 모호해지고 있었습니다.

그런 데다 ▶대동법으로 수공업도 발전하고 상품 유통도 활성화되었습니다.

판사 대동법은 지역의 특산물을 임금에게 바치는 공납 제도의 여러 폐해 때문에 특산물 대신 쌀을 나라에 바치는 제도 아닙니까? 그런데 대동법과 수공업의 발전이 무슨 관계가 있는지 모르겠군요.

이대로 변호사 판사님께서 대동법에 대해 정확히 알고 계시군요. 혹시나 대동법에 대해 잘 모르는 배심원이나 방청객들을 위해 좀 더 자세히 설명하겠습니다. 예나 지금이나 국민들은 나라에 여러 가지 의무를 가지고 있는데 그중 병역의 의무와 납세의 의무가 대표적이라 할 수 있습니다. 조선 시대에도 백성들은 누구나 나라에 세금을 내야 했습니다.

조선 전기에는 각 지방에서 생산되는 특산물을 세금으로 바쳐야만 했지요. 그런데 지역에 따라 특산물의 종류와 가격, 부피가 다른 게 문제였습니다. 예를 들어 개성의 특산품을 인삼, 전라도 나주의 특산품을 배라고 치면 똑같은 부피일 때 인삼의 가치가 훨씬 크다고 할 수 있지요. 따라서 인삼과 배의 가치를 똑같이 조절하는 게 여간 힘들지 않았던 겁니다. 더구나 이런 공물은 수송과 저장이 불편

대동법 시행 기념비. 1659년(효종 10)에 김육이 삼남지방에 대동법을 실시하면서 이를 기리기 위하여 삼남지방으로 통하는 길목에 설치한 비로 현재 경기도 평택시 소사동에 있습니다.

▶ 대동법은 각 지방의 농민들이 토산물을 징수하였던 과거의 공물 납부 방식과 달리 토지의 결수에 따라 쌀이나 삼베, 무명, 동전 등으로 납부하는 제도입니다. 임진왜란 이후, 정부의 재정 상태가 더욱 악화되자, 부족한 국가 재정을 보완하고 농민의 부담을 경감시키기 위해 실시되었지요.

했고 어떤 지역에서는 특산물이 아예 생산되지 않는 곳도 있었지요. 그래서 율곡 이이, 서애 유성룡 등이 특산물 대신 쌀로 통일해 공물을 바치게 하는 법률을 만들어야 한다고 건의한 적이 있습니다. 이것이 훗날 대동법으로 발전하게 된 것입니다. 그러나 실생활에서 필요한 건 쌀만이 아닙니다. 여러 수공품도 필요하죠. ▶나라에서 물품을 필요로 하자 공인(貢人)이 등장했습니다.

판사　공인은 어떤 일을 했습니까?

이대로 변호사　대동법에 따라 정부는 세금을 쌀로 받았으므로 각 지방의 특산품을 쉽게 구할 수가 없었습니다. 그래서 관청에서 필요한 물품을 사들여 납품하는 공인이 생겨났습니다. 어떤 관청에서 한지를 담당한 공인에게 "이번 달엔 한지 500장이 필요하니 구입해 오시오." 하고 지시하면 그 공인이 한지 특산지로 가서 종이를 구입해 관청에 대는 것이죠. 그런데 공인들은 물건을 구입하고 운반하는 과정에서 많은 이익을 남기게 되었습니다. 예를 들어 정부에서 한지 한 장 값을 2냥씩 계산해 주었다면 공인들은 수공업자로부터 1냥씩 사들이고는 나머지 1냥씩을 남겨 먹었던 것이죠. 그래서 그들은 조선 후기의 큰 자본가로 성장했습니다. 그 과정에서 정부도 이왕이면 값싸고 질 좋은 물건을 구매하려고 했으니 공인은 점차 실력 있는 수공업자들을 거느리게 된 것입니다.

판사　그렇게 해서 수공업이 점점 발달하게 된 것이군요. 그래도 그것만으로는 나라의 경제 규모가 전체적으로

왜 금난전권이 폐지되었을까?

커지진 않았을 것 같은데요?

이대로 변호사 네, 그 외에 **이앙법**이 농민의 경제력 향상에 밑받침이 되었습니다. 이앙법으로 농업 생산력이 증가하면서 경작할 수 있는 토지가 확대되어 부유한 농가가 늘어났습니다.

판사 이앙법이 임진왜란 이후에 보급되었으면 혹시 일본에서 들여온 제도인가요?

이대로 변호사 아닙니다. 흔히 모내기라고 부르는 이앙법은 사실 고려 시대에 보급되었지만 당시에는 수리 시설이 빈약하여 나라에

이앙법
판(못자리)에서 싹을 틔운 모(육묘)를 논에 심는 농작법. 모내기라고도 합니다.

서도 권장하지 않았습니다. 관개 시설이 없을 경우 한창 모내기철에 가뭄이 들면 농사를 망치기 때문이죠. 그러나 임진왜란 이후 기술이 발달하면서 이앙법은 전국적으로 확대 실시되었고, 농가 소득도 증가했습니다. 이렇게 부농이 늘어나면서 지방 경제도 빠르게 성장하고 있었습니다. 그 증거가 장시의 개수가 전국적으로 1000여 개로 늘어났다는 점입니다.

판사　한양과 같은 시전이 생겨났다는 말인가요?

이대로 변호사　비슷하지만 좀 다릅니다. 시전은 정부의 허가를 받은 상설 시장이고, 장시는 각 지방에서 정기적으로 열렸던 비상설 시장이었습니다.

판사　비상설 시장이라고 하면 5일장이니 10일장이니 하는 시장 말인가요?

이대로 변호사　네, 물건을 팔 사람과 살 사람의 필요에 따라 각 지역의 번화가, 장터 같은 곳에서 5일 또는 10일마다 시장이 열렸습니다. 대개 정기 시장이 열렸는데 나중엔 상설 시장으로 자리를 잡은 곳도 있었습니다. 또 어떤 장시는 전국적인 유통망을 가진 상업 중심지로 발달하기도 했지요. 광주 송파장, 안성 읍내장, 은진 강경장, 전주 읍내장 등을 예로 들 수 있습니다. 장시는 대개 정기적으로 열렸지만 때로는 무역선이 들어왔다거나 해산물 또는 약초를 팔기 위해 부정기적으로 열리는 장시도 있었다고 합니다.

그런데 장시는 물건을 사고 팔 뿐만 아니라 농민들이 서로 정보를 나누기도 하고 씨름이나 여러 가지 놀이를 벌이는 장이 되었지요.

그래서 장시가 열리면 그 지역의 축제판이 벌어지기도 했지요. 또한 보부상들보다 물건을 싸게 살 수 있어 농민들의 사랑을 받았다고 합니다.

판사 보부상은 우리가 TV 드라마에서 자주 볼 수 있는 장돌뱅이나 방물장수를 말하는 건가요? 시장이 점점 많아지면서 보부상이 필요 없게 되었을 것 같은데요.

이대로 변호사 결과적으로는 그렇게 되었지만 시장권이 점차 확대되어 가는 조선 후기에는 보부상의 활동이 왕성했습니다.

서민들의 소박한 일상과 민중들의 삶이 그려진 김홍도의 〈씨름〉.

판사 이유가 무엇이죠?

이대로 변호사 옛날에는 교통이 발달하지 못해 이동이 쉽지 않았습니다. 보부상은 삼국 시대부터 활동했다고 하니 그 역사가 오래되었다고 볼 수 있습니다. 그런 시기에

자급자족
자신에게 필요한 것들을 스스로 생산하여 충당함을 말합니다.

자급자족적 경제를 영위하던 농민들은 집집마다 방문하여 물건을 판매하는 행상들의 방문을 손꼽아 기다릴 정도였습니다. 게다가 보부상이 전국의 시장을 순회하며 물건을 팔면서 각 시장과 시장을 연결해 주었기 때문에 내륙 지방 사람들은 소금, 생선 등의 해산물을 얻을 수 있었죠.

판사 행상들로 인해 전국의 물품이 더 활발히 유통되었겠군요?

병인양요

흥선대원군은 자신의 정치적 지위를 안정시키기 위해 천주교를 탄압하였습니다. 이에 1866년, 흥선대원군의 천주교도 학살과 탄압에 불만을 품은 프랑스 함대가 강화도에 침범한 사건을 말합니다.

이대로 변호사   네, 지방은 상설 시장이 거의 없었기 때문에 보부상이 생산자와 중간 판매자, 소비자 간의 상품 유통을 적극적으로 이끌었습니다. 그런 데다 각지의 소식을 가장 빠르고 정확하게 전하는 역할을 맡기도 했습니다. 따라서 교통과 통신이 발달하지 못한 옛날에는 보부상들이 막강한 네트워크를 갖추었기에 지금의 인터넷과 같은 역할을 했다고 할 수 있습니다. 보부상들은 전국을 돌며 온갖 소식과 정보를 전달했습니다.

판사   보부상은 각지를 자유롭게 돌아다니며 물건을 팔았으니 사상 아닌가요?

이대로 변호사   그렇지 않습니다. 보부상도 정부의 허가를 받아 장사를 하였습니다. 보부상은 강력한 자신들의 조직을 만들고 나라로부터 상업 행위 허가증을 받아 각지를 맘대로 다니는 대신 나라에 위급한 일이 생길 때는 큰 역할을 담당하기도 하였습니다.

판사   상인들이 어떻게 나라에 도움을 줄 수 있었습니까?

이대로 변호사   임진왜란 때와 병자호란 때에는 보부상들이 우리 군사들에게 식량을 공급하는 역할을 하였으며 1866년 **병인양요**가 일어났을 때에도 강화도에 있던 관군들에게 식량을 공급해 주었습니다. 보부상들은 일제 강점기에도 탄탄한 조직을 활용해 독립운동을 펼쳤습니다. 그러나 좋은 일만 한 것은 아닙니다. ▶1894년 갑오농민전쟁

교과서에는

▶ 갑오농민전쟁은 1894년, 전라도 고부의 동학 접주 전봉준 등이 지도자로 동학교도와 농민들이 합세하여 일으킨 농민운동을 말합니다. 동학은 서양 세력의 침략과 천주교의 전파가 우리의 풍습을 해치고 우리 사회를 위태롭게 한다는 믿음에서 시작된 것으로 우리 것을 지키고, 어려운 민중의 삶을 구제하려는 사회 운동이라 할 수 있습니다.

이 일어나자 그들은 조선 관군과 일본군의 길잡이 노릇을 하여 농민군을 탄압하는 역할을 하였습니다. 대한제국 때는 어땠을까요? 우리나라의 자주독립과 개혁을 위해 독립협회가 조직되지 않았습니까? 그때 대신들은 보부상 조직을 이용해 '황국협회'라는 **어용단체**를 만들어 독립협회를 탄압하였습니다. 이처럼 보부상들은 권력자들의 방패막이로 이용되기도 하였습니다.

판사　그래서 보부상을 어용상인이라고 한 거군요. 그런데 이 변

어용단체
자신의 이익을 위해 왕이나 권력자들의 보호를 받으며 그들을 위해 충성을 바치는 조직입니다.

호사의 설명을 들어 보면 보부상이 시장권 확대의 밑거름이 된 것 같은데요, 이렇게 시장이 활발하게 운영되는 것에 대해 나라에서는 어떤 반응을 보였나요?

이대로 변호사　　앞서 말씀드렸듯이 지배층은 시장 형성에 대해 부정적이었습니다. 시장이 열리면 백성들이 농사는 짓지 않고 상업으로 이윤을 다투어 물가가 오른다고 생각하였습니다. 그러나 재해를 입었을 적에는 물물교환이 백성들이 생활고에서 벗어날 수 있게 해 주는 한 방편임을 인정할 수밖에 없었습니다.

판사　　그럼 지배층의 묵인 속에서 자연스럽게 사상들이 성장하게 되었던 거군요?

이대로 변호사　　예, 신분제가 흔들리고 생산력이 증대하자 자유 상인, 즉 사상들의 세력도 커졌습니다. 특히 민간 상인층은 강, 바다 등 연안에 형성된 중요한 거점들을 중심으로 성장해 나갔습니다.

판사　　특별히 연안 지역에 주요 상업 지구가 형성된 이유가 있나요?

이대로 변호사　　조선 시기에는 도로나 수레가 발달하지 못해 물건이 주로 수로를 통해 운송되었습니다. 따라서 큰 강 유역이나 해안가에 형성된 포구들이 상업의 중심지가 되었습니다. 포구의 발달과 함께 성장한 대표적인 사상이 만상, 송상, 내상, 경강 상인 등이죠. 의주, 동래, 개성은 무역이 활발해지면서 무역 도시로 활기를 띠었고, 경강 상인은 조선 팔도 각지의 물건이 들어오는 한강 길목을 차지하여 나중엔 거상으로 성장했습니다. 특히 경강 상인들은 시전 상

인들을 압박하고 정부가 신해통공의 조치를 취하도록 만들어 조선 경제를 살린 주역이었죠.

판사 난전 상인의 대표로 소송당한 피고가 경강 상인이죠?

이대로 변호사 그렇습니다. 그런 이유로 피고 박사상을 통해 경강 상인에 대해 자세히 알아보는 것이 좋겠습니다.

판사 좋습니다. 이 변호사의 설명으로 조선의 경제관과 상업 정책의 변화에 대해 자세히 알 수 있었습니다. 이젠 피고 당사자의 이야기를 직접 들어 보도록 하죠. 피고는 나와서 자기소개를 해 주시기 바랍니다.

피고 박사상은 거리낄 것 없는 표정으로 당당하게 앞으로 나섰다. 김시전과 경쟁이라도 하듯 번지르르한 차림새였다.

박사상 나는 한강을 근거지로 활동했던 경강 상인입니다. 우리 경강 상인, 즉 경상들은 처음에는 뱃사공이나 주막집 주인으로 지내며 보잘것없이 보였으나 점차 나라에서 거둬들이는 세곡을 운송하거나 전국에서 수도로 올라오는 물품을 취급하면서 경제력을 키워 나갔습니다. 게다가 우리들의 배만 불린 것이 아니라 시전 상인들의 횡포로 고통 받는 한양 백성들에게 생활필수품을 공급했고, 결국 시전 상인들을 누르고 조선 경제를 일으켜 세우는 데 한몫했습니다. 그런데 그 공을 인정하고 치하하지는 못할망정 경제 파괴의 주범인 시전 상인에게 소송을 당하게 되니 불쾌하기 이를 데 없습니다.

판사 시전 상인에 대한 피고의 주장은 차차 자세히 듣기로 하고, 우선 사상의 한 갈래로서 경강 상인의 역할에 대해 듣고 싶습니다. 피고는 경강 상인으로 한양에서 난전 행위를 벌였지요?

박사상 판사님 질문에 대답하기 전에 한 가지 당부드리고 싶은 것이 있습니다. 재판이 시작되고부터 사상을 가리켜 난전 상인이라고 하니 듣기 거북하네요. 난전이란 정부로부터 특혜를 받던 시전 상인들이 우릴 얕잡아 보려고 붙인 호칭일 뿐입니다. 이 재판이 진행되는 동안에는 '개인이 사사롭게 장사를 했다'는 뜻에서 사상으로 칭해 주시면 고맙겠습니다.

판사 뜻은 잘 알겠으나 김시전 원고의 입장에서 피고는 난전 상인이고, 피고 스스로는 사상이라고 주장하고 있으니 두 호칭 모두 사용하기로 합시다. 일단 왜 피고를 한강 상인이라 부르지 않고 경강 상인이라고 불렀나요? 경강이라는 건 무슨 뜻인가요?

박사상 경강이란 한강의 물줄기 중 한양과 접한 광진에서 양화진까지를 부르는 이름입니다. 쉽게 말해 조선 시대에 한양과 접한 강이라 생각하면 됩니다. 이처럼 옛날엔 큰 강이 흐르는 지역마다 강의 이름이 달랐지요.

판사 경상은 조선 초기부터 활동을 시작했고 17세기 이후로 전성기를 누렸다고 하더군요. 주로 어떤 일을 하셨습니까?

박사상 우린 용산, 마포, 뚝섬, **두모포** 등을 근거지로 삼아 물건을 매매했습니다.

두모포
지금의 서울 성동구 옥수동 동호대교 북쪽에 있었던 조선 시대의 포구를 말합니다.

인프라
생산이나 생활에서 기반이 되는 기초적이고 중요한 구조물을 말합니다. 도로, 항만, 철도, 발전소, 통신 시설 따위의 산업 기반과 학교, 병원, 상수·하수 처리 따위의 생활 기반이 있습니다.

판사　그런데 경상이 17세기 이후로 전성기를 맞은 이유는 무엇입니까?

박사상　그 무렵엔 쌀 생산량이 크게 늘었으며 항해술과 배를 만드는 기술도 눈부시게 발전했지요. 사실 애초에 교통망이 확충되기 시작한 것은 나라의 의지가 아니라 우리들이 운송로를 개척했기 때문이지요. 교통 **인프라**가 경제 발전에 필수적인 것은 모두 알고 계실 겁니다. 우리 사상들이 교통로를 정비하면서 조선의 경제가 더 발전할 수 있게 되었단 말입니다.

판사　운송로를 개척한 것은 국익을 위해서가 아니라 자신의 이익을 위해서가 아닙니까?

박사상　흠흠, 깊이 따지고 들어가다 보면 그렇게 말할 수 있겠지만 어쨌든 우리 덕택에 경제 기반의 틀 하나가 마련되었던 거죠. 나라에서도 처음에는 도로 확충에 거부감을 가졌지만 나중에는 교통망의 필요성을 인식했지요.

판사　나라에서 교통망 확충에 무관심했다고요? 사적인 이유에서든 공적인 이유에서든 사상들이 사비를 들여 교통 시설을 확충한다는 데 오히려 좋아해야 하지 않나요?

박사상　그때는 임진왜란과 병자호란을 겪고 난 직후라서 국방상의 이유로 새로운 길을 개척하는 것을 꺼렸습니다. 그러나 상업 유통망이 정비되자 나라에서도 도로 정비의 중요성이나 사회 현실에 눈을 돌릴 수밖에 없었지요. 아무튼 그렇게 해서 연안이나 강을 통한 운송업이 발달했고 자연스럽게 물류의 중심지인 경강에서 상업 활동이 활발해졌어요. 그 덕택에 경강 상인들도 크게 성장했던 것입니다.

판사 경강 상인들은 주로 어떤 물건을 매매했습니까?

박사상 쌀과 소금, 생선 등 어물, 목재와 땔감 등을 매매했는데 그중에서도 쌀을 가장 많이 취급했어요. 그 무렵엔 대동법이 자리를 잡으면서 전국 각지에서 배를 통해 **대동미**를 한양으로 운송하게 되었지요. 뿐만 아니라 지방에 토지를 가진 한양의 부자들이 **소작미**를 거둬들일 때도 배로 운송하는 일이 많아 경강 상인들이 쌀을 가장 많이 매매하게 되었습니다.

판사 대동미를 운송했다면 경강 상인은 공인이 아닌가요?

박사상 그런 것은 아니지만 공인의 역할을 어느 정도 맡았습니다. 공인들과 함께 대동미 등을 납품하는 일을 했기 때문입니다.

판사 어쨌든 이런 이유들로 경강 상인들이 조선 후기의 상업 발전에 이바지했다고 주장하시는 거군요.

박사상 그렇습니다. 우리와 같은 상인이 없었다면 조선의 상업은 제자리걸음을 했을 겁니다. 한마디로 경강 상인들은 조선 후기의 상업을 발전시킨 주역이었습니다. 그런 데다 우리 상인들 중 부지런한 사람들은 큰 자본가, 그러니까 **부상대고**로 성장하기도 했지요. 그렇게 되자 난전 상인들이 힘을 못 쓰게 된 것입니다.

판사 경강 상인의 활동에 대해 잘 들었습니다. 그럼 원고 측 변호인, 신문하시겠습니까?

대동미
조선 시대 후기에 각 지역의 특산물 대신 세금으로 바쳤던 쌀입니다.

소작미
남의 땅을 빌려 농사를 지은 농부(소작인)가 토지 주인에게 땅을 빌린 대가로 바치는 쌀을 말합니다.

부상대고
많은 돈을 가지고 대규모로 장사를 하는 상인을 말합니다.

세곡선
대동미를 운반하는 배입니다.

전가
자신의 잘못이나 책임을 다른 사람에게 넘겨씌우는 것을 말합니다.

김딴지 변호사 　네, 저는 피고의 진술을 듣는 동안 울컥했습니다. 피고는 이 자리에서 양심의 가책을 느끼지 않습니까?

박사상 　그게 무슨 황당한 질문인가요? 우리가 열심히 노력해 조선의 상업을 발전시켰는데 왜 양심의 가책을 느껴야 합니까?

김딴지 변호사 　경강 상인들이 열심히 노력했다는 것은 인정합니다. 그런데 아주 비열한 쪽으로 노력을 했다는 게 문제죠. 예를 들어 볼까요? 피고의 말처럼 경강 상인들은 주로 쌀을 매매했습니다. 그런데 그런 과정에서 온갖 비리를 저질렀습니다. 먼저 운반하는 쌀을 물에 불립니다. 그러면 부피가 늘어나는데 그 늘어난 양만큼 쌀을 떼어먹지 않았습니까? 어떤 경우엔 운반미의 일부 또는 전부를 떼어먹기도 했습니다. 어떤 고을에서는 100가마니를 한양으로 보냈는데 그중 30가마니를 떼어먹거나 아예 물건을 받지 못했다며 100가마니 전부를 떼어먹는 일도 있었지요. 그런가 하면 **세곡선**을 일부러 침몰시키는 방법으로 운반미를 횡령하는 일도 있었습니다. 경강 상인들의 이런 부정 때문에 농민과 한양의 소비자들, 정부가 큰 피해를 입었어요. 이런 데도 피고는 떳떳하단 말입니까?

박사상 　그, 그거야 일부 몰지각한 상인들 이야기지…….

김딴지 변호사 　증인은 경강 상인을 대표해 이 자리에 출석한 것이니 책임을 **전가**하려 하지 마십시오.

박사상 　하지만 대부분의 사상들은 시전 상인들의 방해에도 불구하고 자력으로 재력을 쌓아 나갔습니다.

김딴지 변호사 자력이라고요? 그러니까 그 재산을 쌓는 과정을 밝히라고 하는 것이 아닙니까? 피고는 경강 상인들이 돈을 벌어 큰 자본가로 성장했다고 하지 않았나요? 대체 경강 상인들이 그런 부정을 저지르지 않았다면 어떻게 큰 부자가 되었단 말입니까?

박사상 일부 상인들의 몰지각한 행동을 가지고 전체 사상들을 매도하는 것은 부당합니다. 거상이 되는 과정에서 모두 부정을 저질렀다고 한다면 시전 상인의 경우도 마찬가지 아니겠습니까?

김딴지 변호사 억지로 시전 상인들을 끌어들이지 마세요. 경강 상인들의 부정부패로 시전 상인들이 얼마나 큰 피해를 입었는데 함부로 그런 말을 합니까? 1833년, 순조 임금 때 한양에서 일어난 쌀 폭동 사건을 예로 들어 볼까요? 그때 경강 상인들이 쌀을 조직적으로 사재기한 일이 있었죠. 그 일로 쌀값이 하늘 높은 줄 모르고 치솟아 한양 백성들이 운종가와 한강변에 있던 곡물전을 불태워 없앴습니다.

박사상 유감스럽지만 그건 내가 죽고 난 뒤의 일이니 나와는 상관이 없습니다. 내가 후손들의 잘못까지 책임을 져야 합니까? 더구나 만약 그런 일이 생겼다 해도 그게 경강 상인들만의 잘못은 아닐 것입니다. 틀림없이 시전 상인들과 짜고 한 일일 것이니 다시 한 번 조사를 해 보시오.

이대로 변호사 재판장님, 피고의 추측대로 1833년의 쌀 폭동은 시

매도
대가를 받고 물건을 다른 사람에서 팔아넘기는 것입니다.

사재기
물건 값이 오를 것으로 예상해 큰 이득을 얻을 목적으로 물건을 한꺼번에 사들이는 것을 말합니다.

곡물전
쌀, 보리, 콩 등 곡식을 판매하는 가게입니다.

전의 하나인 미전(쌀가게) 주인들과 경강 상인들이 짜고 저지른 일이니 참조해 주시기 바랍니다.

김딴지 변호사 　아무튼 경강 상인들은 조선 후기를 대표하는 상인 집단 중 하나였지만 옳지 않은 방법으로 재산을 모았던 사람들이 분명합니다.

판사 　좋습니다. 원고 측 변호인이 피고에게 더 이상 질문이 없다면 다음 문제로 넘어가도록 하죠. 저는 이쯤에서 시전 상인들이 어떻게 가게를 유지했는지 궁금하네요. 무슨 이유로 금난전권을 요청하였고, 그런 권력을 갖고 있음에도 어떻게 해서 결국 사상들에 의해 밀려나게 되었는지 알아봅시다. 그러기에 앞서 시전 상인들의 상업 활동과 형편에 대해 듣고 싶습니다.

　왜 금난전권이 폐지되었을까?

3

시전은
어떻게 운영되었을까?

김딴지 변호사　판사님의 질문에 대한 적절한 대답을 해 주실 분을 증인으로 모시고자 합니다.

판사　그럼 증인은 나와서 선서한 뒤 증언해 주시기 바랍니다.

곧이어 법정 문을 열고 오징어처럼 바짝 마른 사내가 들어와 진실만을 말할 것을 맹세한 뒤 증인석에 앉았다.

어건포　나는 어건포라고 합니다. 대부분의 시전 상인들처럼 나도 부모로부터 어물전을 물려받아 운영했습니다. 원고인 김시전과는 어려서부터 한동네서 자란 친구였습니다. 내가 선거 운동을 많이 해 줘서 원고가 시전 상인들의 단체인 시전 도중(都中)의 대표로 뽑혔고, 나는 총무 일을 맡아 했습니다.

김딴지 변호사　그 당시에도 선거를 했다니 놀랍군요.

어건포　후후! 김 변호사는 약간 순진한 데가 있네요. 조선 시대에 무슨 선거를 했겠습니까? 그냥 힘 좀 있고 말 잘하며 주변 사람들에게 인정을 받으면 대표로 추대를 받는 것이지. 물론 주변에 나처럼 능력 있는 친구도 있어야겠지만…….

김딴지 변호사　그렇다면 증인이 선거 운동을 많이 해 줬다는 말씀은 뭐죠?

어건포　그건 내가 앞장서서 원고를 대표로 추대할 수 있도록 사람들을 선동했다는 말이지요. 그 일로 술값이 적잖게 들었습니다. 명절 때 뇌물, 아니 선물도 많이 했고요…….

김딴지 변호사　잠깐만요! 증인께선 원고에게 불리한 내용에 대해선 생각 좀 해 가면서 답변해 주시기 바랍니다. 어물전에서는 어떤 상품을 판매했습니까?

어건포　시전 중에서 해산물을 팔던 가게는 크게 어물전과 생선전이 있었습니다. 그리고 어물전은 다시 내어물전과 외어물전 두 가지로 분류했습니다. 내가 운영했던 내어물전은 마른 미역, 마른 오징어, 북어포 등 바짝 말린 해산물을 파는 가게였고 외어물전은 새우젓, 조개젓과 같은 젓갈을 비롯해 자반고등어처럼 소금에 절인 생선을 파는 가게를 말합니다.

김딴지 변호사　말리고 절인 생선밖에는 유통되지 않았습니까?

어건포　말 그대로 생선을 파는 가게인 생선전이 있긴 했죠. 하지만 조선 시대엔 냉장이나 냉동 기술이 발전하지 못해 해산물을 그늘에 말리거나 소금에 절여서 파는 일이 많았으니 생선전보다는 어물전의 규모가 컸습니다.

김딴지 변호사　증인은 원고에게 큰 도움을 주었으며 원고가 시전 상인의 대표로 선출되었을 땐 총무도 맡았으니 조선 시대의 시전이 어떻게 운영되었는지 잘 아시겠군요?

어건포　물론입니다. 아마 나처럼 그 사정을 빤히 아는 사람도 없을 겁니다.

김딴지 변호사　시전에는 어떤 종류가 있었습니까?

어건포　시전은 그 규모에 따라 크게 육의전과 일반 시전으로 나눌 수 있었습니다. 육의전은 여러 시전 중에서도 규모가 매우 큰 시전을 말하는데 중국산 비단을 파는 선전, 면포전, 국산 명주를 파는 면주전, 종이를 파는 지전, 모시 등을 파는 저포전, 삼베를 파는 포전, 각종 건어물을 파는 내어물전, 소금에 절인 해산물을 파는 외어물전, 양탄자처럼 털로 짠 모직물이나 모자 등을 파는 청포전 등을 육의전이라 했지요.

김딴지 변호사　방금 증인이 말씀하신 가게의 종류를 합하면 여섯 개가 넘는데요?

어건포　처음엔 여섯 종류의 큰 가게를 육의전이라 했지만 나중엔 규모가 큰 가게를 통틀어 육의전이라 불렀습니다. 그래서 육의전의 종류는 8~9가지로 나눌 수 있습니다.

김딴지 변호사　그런데 지전과 어물전을 빼면 대부분 옷감을 취급한 것이 육의전의 특징이라 할 수 있겠군요. 육의전보다 규모가 작은 일반 시전으로는 어떤 게 있었습니까?

어건포   일반 시전은 유푼전과 무푼전의 두 종류로 나눌 수 있습니다. 유푼전은 나라에 바치는 세금의 비율이 정해진 가게를 말하고, 무푼전은 세금을 내긴 하지만 영세한 까닭에 세금의 비율이 정해지지 않은 가게를 가리킵니다. 무푼전은 일상생활에 필요한 갖가지 상품들을 판매하는 곳으로 시전 중에는 종류가 가장 많았습니다.

김딴지 변호사   그러니까 육의전은 대형 백화점, 유푼전은 할인 매장, 무푼전은 동네 슈퍼마켓으로 비유할 수 있을까요?

어건포   규모로 따지면 그렇게 비유할 수도 있겠지만 근본적인 차이가 있으니까 정답은 아닙니다.

김딴지 변호사   어떤 차이를 말하는 것이죠?

어건포   백화점이나 할인 매장, 슈퍼마켓 등에선 한 건물 안에서 수백 가지, 수천 가지의 물건을 팔지 않습니까? 하지만 시전은 가게마다 서로 다른 물건을 한 가지 종류만 팔았습니다. 예를 들어 땔나무는 시목전에서 팔았고, 쌀은 미전에서만 팔았습니다.

김딴지 변호사   하지만 모든 시전을 다 합치면 하나의 백화점으로 생각해도 되지 않을까요?

어건포   그렇지 않습니다. 왜냐하면 백화점의 주인은 한 사람이지만 시전은 점포마다 주인이 다르기 때문입니다. 게다가 비단을 비롯한 옷감을 파는 가게와 종이, 어물을 파는 가게 등 규모가 큰 육의전과 그와 규격이 비슷한 90여 개의 시전이 운종가에 있었고, 나중엔 한양의 인구가 크게 늘어나자 남대문, 용산 등 다른 여러 지역에도 시전이 생겨났습니다.

김딴지 변호사　　그러니까 시전은 규모에 따라 굉장히 다양한 종류가 있었군요.

어건포　　그렇습니다. 한양 내에 인구가 늘어나고 상업이 활발해지자 우리 시전 상인들도 여러 관청에서 필요로 하는 물품을 공급하면서도 백성들에게 생활용품을 제공하느라 바쁘게 지냈지요.

김딴지 변호사　　판사님, 시전 상인들은 나라에 충성하고 상업 경제로 전환되는 시대의 요청에도 부응했습니다. 쉽게 말해 정치, 경제의 중심지로 발전한 한양에 사는 백성들의 수요가 증가하자 대중의 편익을 위해 상권을 확장한 것입니다.

판사　　피고 측 변호인, 증인을 신문하시겠습니까?

이대로 변호사　　네, 증인은 시전 상인들이 관부(조정이나 정부)나 관료들에게 소요 물품을 공급하고 백성들의 소요 물품을 판매한다고 하셨지요?

어건포　　네, 그렇습니다.

이대로 변호사　　그 말은 시전 상인들이 돈을 많이 벌었다는 뜻이겠군요.

어건포　　반드시 그런 것만은 아니었습니다.

이대로 변호사　　그건 왜죠?

어건포　　시전 상인들은 한양의 상인들 중 가장 큰 조직을 갖추고 상품을 유통하는 데 중요한 역할을 했지만 나라에 내야 할 세금의 종류도 많았습니다.

이대로 변호사　내야 할 세금의 종류가 많았다는 것 자체가 그만큼 장사가 잘되었다는 반증이 아닐까요? 게다가 관부라는 단골 고객이 있지 않았습니까?

어건포　단골 고객이라고요? 세상에 돈을 가져가는 손님이 어디 있습니까? 정부와 시전 상인은 서로에게 필요한 존재였을 뿐입니다. 조선 초기에 조정은 도성에 시전을 조성해 개성에 있던 가게들을 강제로 한양으로 옮기도록 했습니다. 그리하여 한양 중심가였던 운종가에 규모가 큰 여러 가게가 들어섰는데 그런 가게를 시전이라 부르게 된 것이지요. 그때 정부는 가게의 크기, 상품 종류와 수량, 가격 등을 일일이 통제해 상인들의 자유를 억눌렀습니다. 정부가 상인들에게 감 놓아라, 배 놓아라 하고 일일이 간섭했던 겁니다. 게다가 시전에서 영업하던 상인들은 정기적으로 각종 세금을 내야 했습니다. 그 외에도 궁궐이나 관청에서 어떤 노동력이 필요할 때 노동력도 제공해야 했고요. 그러니 돈을 번 사람들은 얼마 안 되며 대부분의 시전 상인은 입에 풀칠을 하는 정도였습니다.

이대로 변호사　도대체 얼마나 많은 세금을 냈다고 그 정도로 과장하시는 겁니까?

어건포　말도 마십시오. 시전 상인이 떠맡은 부담이 얼마나 큰지 아십니까? 일단 정부의 허락을 얻고 가게를 열고 나면 기본적으로 가게세를 정기적으로 내야 합니다. 그 외에 관청의 혼례, 장례 등에 부조를 해야 하고 궁이나 관청 보수비, 바느질삯 등을 내거나 그 밖

에 필요한 물품이나 외국 사신 접대비나 중국 황실에 바치는 공물의 일부를 조달했습니다. 이처럼 시전 상인들은 많은 부담을 안아야 했기에 돈을 벌기가 쉽지 않았던 것입니다.

이대로 변호사　증인은 의무만 말하고 있는데 시전 상인들이 가진 특권도 적지 않을 것 같은데요. 아무튼 좀 전에 육의전과 유푼전에서는 정부에 정해진 세금을 바친다고 했지요?

어건포　그렇습니다. 육의전 중에서도 선전, 그러니까 중국산 비단 가게가 가장 많은 세금을 바쳤지요. 물론 내가 운영했던 어물전에서도 많은 세금을 냈는데 비단을 파는 선전에 비해 절반 정도였습니다. 그리고 유푼전에선 육의전의 절반 또는 3분의 1 정도를 냈습니다.

이대로 변호사　그런데 시전 중 무푼전에선 세금의 비율이 정해지지 않았다고 했는데 그 말은 세금을 내지 않았다는 말로도 들리는데요?

어건포　이 변호사는 다른 사람의 말을 부풀려 해석하는 경향이 있는 것 같습니다. 만약 세금을 내지 않는다면 난전과 다를 게 없잖습니까? 무푼전은 영세한 가게들이라 그 세금의 액수가 정해지지 않았을 뿐입니다. 장사가 잘되면 많이 내고 별로 이익을 남기지 못한 때는 적게 내거나 안 내는 수도 있고 그때그때 달랐다, 이런 말입니다.

이대로 변호사　그런데도 시전이란 이유로 금난전권을 가졌단 말인가요?

어건포　쯧쯧. 이젠 없는 말까지 지어내는군요. 난 그렇게 말한 적이 없습니다. 많은 권리를 누리는 사람이 그에 걸맞은 의무를 다해야 하는 것처럼 육의전과 유푼전, 무푼전의 권리에도 각각 차이가 있었습니다. 그러니 시전 중에서도 육의전, 육의전 중에서도 가장 규모가 컸던 중국산 비단 가게가 난전을 금지하는 가장 큰 권한을 가졌고요. 알겠습니까?

이대로 변호사　그렇다면 시전 상인의 대표도 육의전처럼 큰 가게의 주인이 맡았겠군요?

어건포　당연한 일이 아니겠습니까? 그리고 내가 요즘 사람들 알아듣기 좋으라고 시전 상인의 우두머리를 대표라고 표현했지만 조선 시대에는 우두머리 중에서도 우두머리란 뜻에서 '대행수'라 불렀소. 그때 시전 상인들의 조직은 매우 탄탄했으며 그 지위도 여러 가지였습니다. 대행수를 비롯해 도영위, 수영위, 부영위, 차지영위, 별임영위가 있었고 그 밑으로 실임, 의임, 서기, 서사 등이 있었소. 이 중 대행수의 권한은 조정 대신들이 부럽지 않을 정도로 막강했죠.

이대로 변호사 대행수라고 하시니 지상 세계에서 방송된 드라마 〈짝패〉가 생각나는군요. 주인공의 직업이 '행수'였는데 혹시 그와 비슷한 역할이었나요?

어건포 난 드라마나 영화를 보면 하품부터 나옵디다. 누가 노름을 하자면 자다가도 벌떡 일어나겠지만 드라마 같은 건 영 재미가 없어서요. 아무튼 대행수와 행수의 관계는 정2품과 정5품 정도의 차이가 있었다는 것만 알아두시죠.

이대로 변호사 끝으로 한 가지만 더 묻겠습니다. "어물전 망신은 꼴뚜기가 다 시킨다."는 속담은 어떻게 생긴 것인가요?

어건포 내가 장사하던 시절에도 그런 걸 묻는 사람들이 많더니 지금도 그 속담이 남아 있습니까? 설명할 테니 잘 들어 보세요. 꼴뚜기는 화살오징어과에 속하는 생선으로 오징어보다 작고 생김새도 볼품이 없잖습니까? 그래서 어떤 집단에 별 볼 일 없는 사람이 끼어 있을 때나 그 집단의 명예에 먹칠을 할 때 그런 속담을 쓰게 된 것이라오. 하지만 꼴뚜기는 주로 젓갈을 만들어 먹었는데 꼴뚜기젓은 젓갈을 파는 외어물전이 아니라 소금을 파는 경염전에서 팔았습니다.

그러니 어물전과는 관계가 없는데 왜 어물전 망신을 시킨다는 속담이 생겼는지는 나도 모르겠습니다.

김딴지 변호사　판사님, 이의 있습니다. 이 변호사의 어물전 속담 질문은 이번 사건과 아무 관련이 없습니다. 시전 상인에 대해 반박할 논거가 부족하자 아무 질문이나 던져 시간을 끌면서 허점을 찾으려고 하는 속셈입니다.

판사　이 변호사는 이번 재판과 관련이 없는 발언은 삼가세요.

이대로 변호사　판사님, 제 의도를 오해하지 말아 주십시오. 전 아무 질문이나 던진 게 아닙니다. 제 질문에 대한 증인의 대답을 통해 여러분들은 시전 상인에 대해 좀 더 자세한 정보를 얻으셨을 겁니다.

판사　그게 무슨 소리입니까?

이대로 변호사　첫째, 그 속담은 어물전이 조선 후기의 시전 중 육의전에 포함될 정도로 규모가 컸고 중요한 가게였다는 걸 알게 합니다. 만약 어물전이 일반 시전 그것도 무푼전에 속한다면 꼴뚜기를 얕잡아 보는 속담이 생기지 않았을 것입니다. 둘째, 방금 증인의 말처럼 꼴뚜기는 주로 젓갈을 만들어 먹는 까닭에 외어물전에서 취급해야 하지만 소금 가게인 경염전에서 판다는 사실을 알게 되었습니다. 이것으로 내어물전과 외어물전, 경염전의 차이를 좀 더 분명히 알 수 있는데 이번 주제와 아무런 관련이 없다니요?

판사　흐흠! 듣고 보니 이 변호사의 주장에도 조금 일리가 있군요. 이상으로 오늘 재판을 마치겠습니다. 오늘은 조선의 경제 정책과 상인들의 사정, 임진왜란 후 사상들이 성장하게 된 배경, 시전 상인들

　왜 금난전권이 폐지되었을까?

의 상업 활동 전개 등에 대해 알아보았습니다. 다음 재판에서는 원고와 피고의 관계에 집중하여 더욱 구체적인 상황을 알아보도록 하겠습니다. 첫 번째 재판을 마치겠습니다.

땅! 땅! 땅!

조선 시대의 상인

조선 시대의 상인은 관에 종속되어 있는 관허 상인과 자유롭게 상업 활동을 하는 자유 상인이 있었습니다. 관허 상인에는 대표적으로 시전 상인, 공인, 보부상이 있었고, 자유 상인에는 송상, 만상, 경상과 같은 사상과 객주, 그리고 난전 상인 등이 있었습니다.

시전 상인은 정부가 필요로 하는 물품을 공급하는 대신 정부로부터 많은 특혜를 받던 한양 상인을 말하며, 공인은 각 지역의 특산품을 구입해 정부에 납품해 주는 상인이었습니다. 보부상은 봇짐이나 등짐을 지고 장시를 떠돌아다니며 물건을 팔던 행상을 말합니다.

자유 상인의 종류는 크게 한양과 지방으로 나눌 수 있는데, 한양에는 시전 장부에 등록이 안 된 무허가 상인인 난전 상인이 활동했으며, 지방에는 큰 자본을 바탕으로 상단을 조직해 활동했던 만상, 송상, 경상, 내상 등의 사상과 객주가 있었습니다.

조선 후기에는 배를 이용해서 여러 지방의 물품을 운송하여 장사를 하는 상인들이 늘어나자 포구를 중심으로 상업 활동이 발달했습니다. 이런 사람들을 선상이라고 하는데 특히 한강을 중심으로 서남쪽 해안을 왕래하면서 곡식이나 소금, 어물들을 취급하던 경상의 활약이 두드러졌습니다. 이외에 개성이나 의주, 부산(동래) 지역에서 활동하던 사상들은 국내뿐만 아니라 대외 무역을 담당했습니다. 의주의 만상은 주로 중국과의 무역에 참여했고, 동래의 내상은 부산포에 설치한 왜관에서 일본과의 무역에 종사했습니다. 개성의 송상은 주로 인삼을 재배하여 성장한 뒤, 만상과 내상 양쪽을 중계하면서 중개 무역으로 큰 이득을 보았습니다. 한편 객주는 포구나 장시에서 다른 지역에서 온 상인들의 물건을 맡아 팔거나 흥정을 붙여 주던 중간 상인이었습니다. 위탁 판매업 말고도 상인들을 상대로 숙소를 제공하거나 돈을 빌려 주거나 상품을 보관해 주는 일 등을 했습니다.

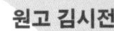

다알지 기자

　시청자 여러분, 안녕하십니까? 역사공화
국 법정 뉴스의 다알지 기자입니다. 이번 재
판은 조선 상업사의 최대 사건으로 알려진 금난
전권 폐지를 둘러싸고 열리게 되었습니다. 시전 상인 대표 김시전 씨
가 사상의 대표인 박사상 씨를 고소했는데 먼저 첫 번째 재판을 마친
원고와 피고의 소감을 들어 보겠습니다.

원고 김시전

　　　　나는 조선 후기 시전 상인의 대표로 나온 김
시전입니다. 오늘의 재판은 먼저 조선 시대의
상업이 어떻게 발전했는지를 알아보고 시전이
생긴 배경과 시전이 어떻게 운영되었는지를 살펴
보았어요. 우리 시전 상인들은 조선 초기부터 정부의
정책을 잘 따랐고 많은 세금을 바쳐서 정부가 재정을 마련하는 데 큰
도움을 주었던 사람들입니다. 다시 말해서 우리는 정부와 백성들에게
없어선 안 될 존재였습니다. 나는 많은 사람들이 오늘 재판을 보며 임
금께 충성을 다하고 백성들의 편의를 위해 노력한 시전 상인들의 참모
습을 발견했을 것으로 믿습니다.

　난 내가 왜 시전 상인으로부터 소송을 당했는지 모르겠습니다. 나는 가난한 집안에서 태어나 어려서부터 장사를 시작해 혼자 힘으로 부상대고가 되었습니다. 지금으로 말하자면 자수성가하여 대그룹 회장과 같은 지위에 오른 것이죠. 내가 그 정도 지위에 오르기 위해 얼마나 부지런히 일하고 성실하게 살았을지 짐작할 수 있을 겁니다. 나는 이렇게 열심히 일해 부자가 되었는데 김시전과 같은 인간들은 부모를 잘 만난 덕분에 시전 중 가장 큰 선전을 물려받았을 뿐이죠. 혼자 힘으로 성공한 것도 아니면서 시전 상인의 대표가 된 뒤 거들먹거리기나 하니 아니꼬워서 못 볼 지경이었지요. 그런데 대체 왜, 그런 자가 우리와 같은 사상을 소송한단 말입니까? 나는 이 재판을 통해 시전 상인들의 횡포를 고발하고 정의를 바로 세우겠습니다.

옷감과 관련된 유물에는
어떤 것이 있을까요?

자

자는 일반적으로 길이를 재는 데 쓰는 도구를 가리킵니다. 옷감을 자르기에 앞서 치수를 재던 도구로도 널리 사용되었으며 그 길이도 다양했습니다. 자를 만드는 재료는 대나무가 주로 쓰였습니다. 『규중칠우쟁론기』라는 작품을 보면 의인화된 자가 스스로를 자랑하는 이야기가 나오는데, 다음과 같습니다. "나는 세명지 굵은 명지 백저포 세승포와 청홍녹라 자라 홍단을 다 내여 펼쳐 놓고 남녀의 옷을 마련할 새, 장단(長短)광협(廣狹)이며 수품(手品) 제도(制度)를 내 곧 아니면 어찌 일으리오. 이러므로 의지공(衣之功)이 내 으뜸 되리라."

다리미

구겨진 옷감을 바로 펴기 위해서 사람들은 다리미질을 합니다. 뜨거운 열을 가하여 옷감의 주름을 펴는 것이지요. 여기서 다리미는 구겨진 옷감이나 옷을 반듯하게 펴기 위하여 사용되는 기구를 말합니다. 다리미를 사용하기 위해서는 먼저 숯불이 필요했습니다. 잘 달군 숯불을 철로 만든 다리미에 담아 옷의 주름이 펴지도록 열을 가하는 것이지요. 다리미를 잡는 손잡이 부분은 뜨겁지 않도록 나무로 만들어져 있습니다.

다리미 받침

잘 달궈진 숯불을 담아 뜨거운 다리미는 함부로 바닥에 내려놓을 수 없지요. 그래서 따로 다리미 받침이 필요합니다. 다리미 받침의 모습은 여러 가지였습니다. 그중에는 사진에서처럼 윗부분은 접시처럼 넓고, 아래 부분에는 세 개의 다리가 있어서 받침대가 기울어지지 않도록 지지하는 역할을 합니다. 또한 놋쇠나 철과 같은 금속으로 만들어져 열에 잘 견디도록 했습니다.

버선코 인두

버선 앞쪽 끝에 뾰족하게 올라온 부분을 버선코라고 합니다. 그런데 이 버선코 부분은 좁아서 다리미로는 잘 다려지지 않았지요. 그래서 따로 인두가 필요했습니다. 바느질할 때 불에 달구어 천의 구김살을 눌러 펴거나 솔기를 꺾어 누르는 데 쓰는 기구인 이 인두는 쇠로 만들며 바닥이 반반하고 긴 손잡이가 달려 있는 것이 특징입니다. 인두는 화롯불에 묻어 놓고 뜨겁게 달구어서 사용했습니다.

실패

실패는 반짇고리의 여러 도구 중 하나로 바느질할 때 쓰기 편하도록 실을 감아 두는 작은 도구를 가리킵니다. 예전에는 얇고 편편한 나무쪽 따위로 만들었으나 요즘에는 플라스틱이나 두꺼운 종이로 둥글게 만들지요. 사진 속의 실패는 나무로 만들어졌으며 막대 형태를 띠고 있습니다.

가위

가위는 물건을 자를 때 쓰는 도구입니다. 칼이 하나의 날로 물건을 자른다면, 가위는 두 개의 날을 교차시켜 옷감, 종이, 가죽, 털 등을 자르는 도구이지요. 가위의 날이 엇갈려 있는 두 개의 손잡이에 각각 손가락을 끼고 벌렸다 오므렸다 하여 물건을 자릅니다. 특히 옷감을 자를 때 많이 사용되어 옷을 만들 때는 없어서는 안 되는 중요한 도구 중 하나였습니다.

바늘집

뾰족하고도 작은 바늘은 잘 잃어버리기도 쉽고 또 한 번 잃어버리면 찾기 힘들었습니다. 그래서 우리 선조들은 바늘집을 만들어 바늘을 따로 보관했습니다. '침낭'이라고도 불리는 바늘집은 대개 비단에 수놓아 만들었지만 금속으로 만들기도 했습니다. 사진 속에 나오는 바늘집처럼 수를 놓은 장식술을 달아 노리개 겸용으로 달고 다니기도 했습니다.

출처: 안성맞춤 박물관 http://www.anseong.go.kr/position/museum

시전 상인과 난전 상인은 왜 충돌한 것일까?

1. 시전 상인들은 왜 금난전권을 요구했을까?
2. 난전 상인들은 어떻게 탄압받았을까?

1 시전 상인들은
왜 금난전권을 요구했을까?

판사　재판 이틀째인 오늘은 시전 상인에게 왜 금난전권이 주어졌으며 시전 상인과 난전 상인들이 어떻게 충돌했는지 알아보겠습니다. 먼저 원고 측부터 시작하시지요.

김딴지 변호사　지난번 재판에서 시전이 어떻게 운영되었는지 알아보았지만 소송의 핵심인 금난전권에 대해 자세한 내용은 언급되지 않았습니다. 그래서 원고의 진술을 통해 좀 더 구체적으로 알아보겠습니다. 시전이 정부에 금난전권을 요구한 배경은 무엇입니까?

김시전　▶전에 말한 것처럼 내가 살던 때인 조선 후기엔 한양의 인구가 크게 늘었고 그와 함께 상업도 눈부시게 발달했습니다. 그래서 운종가뿐만 아니라 한양 도성 안팎,

교과서에는

▶ 조선 후기에는 농업 생산력이 늘어나고 수공업 생산도 활발해지면서 상품의 유통도 더욱 활성화되었습니다. 조선 후기 상업 활동의 주역은 공인과 사상이었습니다.

한강 주변 등에 많은 시전이 생겨났고 취급하는 상품도 다양해졌지요. 지방의 주요 도시에도 시전이 들어섰는데 그 무렵에는 정부의 허가를 받지 않은 난전 상인들도 늘어났습니다. 한양 근교에서 원예 작물을 생산해 판매하던 농민들, 여러 가지 생활용품을 직접 만들었던 가내 수공업자들, 그리고 세력을 가진 양반 가문의 하인들이 주로 난전을 열었지요. 결국 그런 상황 때문에 시전 상인들은 큰 피해를 입게 되었고요.

김딴지 변호사   시전 상인들이 어떤 피해를 입었습니까?

김시전   일단 저번 재판에서 어건포가 말했듯이 우리 시전 상인들은 점포세니 상세(商稅)니 하는 세금을 정부에 내야 했고, 한 점포에서 한 종류의 물건만 팔아야 했습니다.

김딴지 변호사   정부가 어느 한 종류의 물건만 팔게 했다면 그 가게에 불리한 일이었겠네요?

김시전   그렇고말고요. 그리고 시전 상인은 정부가 필요로 하는 물품을 아주 저렴한 가격에 납품했습니다. 예를 들어 정부가 비단 한 필의 가격을 5냥으로 정했다면 실제 비단 값이 10냥이 넘더라도 5냥에 납품해야만 했습니다. 그러니 얼마나 큰 손해를 보았겠습니까? 이런 것만 봐도 시전 상인의 상행위에 많은 제약이 따랐다는 것을 알 수 있죠.

김딴지 변호사   지금 시대라면 시전 상인들이 촛불시위라도 벌였겠군요. 원고의 말씀을 요약하자면 시전 상인들은 정부가 필요로 하는 물품을, 손해를 보면서도 조달했습니다. 때로는 나라에 노동력을 제공하기도 했고요. 그런데 그런 의무는 하나도 질 필요가 없었던 난전 상인들이 시전 상인들과 똑같은 물품을 팔았다면 정말 화가 많이 났겠네요.

김시전 　 네, 혈압이 오를 일이고말고요. 그래서 우리 시전 상인들이 똘똘 뭉쳐서 정부에 난전을 막을 권리를 달라고 요구했던 것입니다. 그 결과 숙종 임금 때 전안이란 제도가 생겼습니다. 그 제도에 따라 우리 시전 상인들에게 금난전권이 주어진 것입니다. 그래서 우린 전안에 등록한 상인들은 시전 상인, 전안에 등록되지 않은 상인은 난전 상인으로 여기고 몰아내려고 했지요. 우리 시전 상인은 탄탄한 조직을 갖추고 있어서 언제, 어디서든 가게가 생기면 그곳이 시전인지 난전인지 한눈에 알아볼 수 있었으니까요.

김딴지 변호사 　 전안이란 제도는 1706년(숙종 32)부터 시작된 것으로 알고 있는데 그렇다면 그 전에는 시전 상인에게 난전을 금지하는 권한이 주어지지 않았나요?

김시전 　 그 전에도 우리가 판매하는 물품에 대한 독점권은 가지고 있었습니다. 하지만 그때까지만 해도 난전들의 횡포가 그다지 심하지 않았고 우리도 큰 손해를 본 게 아니어서 난전을 억지로 막진 않았어요. "너희들, 우리가 눈감아 줄 테니까 눈치껏 장사해라." 하는 정도였습니다. 그런데 난전 상인의 활동이 점점 지나쳐서 우리에게 큰 해를 입힐 정도가 되니까 우리는 정부에 요구해 금난전권을 얻게 되었습니다. 사실 금난전권이 시행된 초기에는 육의전만 권한을 가질 수 있었습니다. 그러나 난전 상인이 무차별적으로 세력을 확장해 나가자 다른 시전들도 금난전권을 요구했고 정부에서도 그렇게 되면 조세가 늘어나니까 딱히 반대할 이유가 없어서 허락해 주었던 거죠. 우리 시전 상인이 난전 상인의 불법 행위를 너그럽게 용인해 주었을 때 적절한 선을 지켰더라면 그렇게까지 금난전권이 강화되는 일도 없었을 것입니다.

김딴지 변호사　난전 상인들이 시전 상인의 상권을 어떤 식으로 침해했나요?

김시전　난전 상인들 중 일부는 정부로부터 정식으로 허가를 받고 새롭게 시전을 여는 경우도 있었습니다. 하지만 대부분의 난전은 시전인 것처럼 위장하고 장사를 했지요. 예를 들어 조선 후기에 담배가 들어오면서 많은 인기를 끌었습니다. 그 결과 담뱃잎을 전문으로 판매하는 '엽초전'이란 가게가 생겼는데 사람들은 엽초전에서 담뱃잎을 사다가 잘게 썰어 담뱃대에 넣어 피웠습니다. 지금도 역사 드라마나 조선 후기의 풍속도를 보면 기다란 담뱃대로 담배를 피우는 모습을 쉽게 볼 수 있지요.

김딴지 변호사　저도 그런 그림을 여러 번 보았습니다.

김시전　그런데 이 엽초전이 큰 인기를 끌자 난전 상인들이 가게를 열고는 엽초를 팔기 시작한 겁니다. 그러면서 가게 이름을 '절초전'이라 붙였습니다.

김딴지 변호사　절초전이라면 엽초, 그러니까 담뱃잎을 잘라 파는 가게라는 뜻인가요?

김시전　맞습니다. 난전 상인들은 엽초전에서 담뱃잎을 사다가 그

것을 약간 썰고 보기 좋게 포장해서 판매를 했던 겁니다.

김딴지 변호사　어쨌든 담뱃잎을 판 것이니 엽초전과 다를 바가 없었군요.

김시전　그렇습니다. 하지만 시전 상인의 금난전권이 두려워 절초전이라고 이름을 붙인 것이죠.

김딴지 변호사　굉장히 염치없는 짓이군요.

김시전　그뿐만이 아닙니다. 어떤 난전 상인들은 '박물전'이란 가게를 차려 놓고 물건을 팔았습니다.

김딴지 변호사　박물전이라면 여러 가지 물건을 한군데서 파는 가게라는 뜻일 텐데 대체 어떤 물건들을 팔았기에 박물전이라 했지요?

김시전　여자들이 쓰는 은장도, 비녀, 반지 등과 은전 등 여러 가지였는데 그것은 모두 시전에 속하는 도자전, 은전전, 신상전 등에서 팔던 물건들이었습니다.

김딴지 변호사　그러니까 여러 시전에서 파는 물건을 하나의 난전에서 팔면서 박물전이라 했군요?

김시전　바로 그렇습니다. 게다가 시전보다 값도 싸니 시전 상인들이 얼마나 억울하고 화가 났겠습니까?

이대로 변호사　시전 상인들 입장에선 난전 상인들이 알미울 수도 있겠죠. 하지만 앞에서 나온 이야기처럼 그땐 조선에서도 자본주의와 자유 시장 경제에 대한 생각이 싹트고 있을 때였습니다. 누구든 경제 활동을 자유롭게 해야 한다고 생각하기 시작했다는 것입니다. 그런데 정부와 시전 상인들이 그걸 억지로 막는다면 시대 흐름에 오

히려 뒤떨어진 일이 아닐까요?

김딴지 변호사　난 그렇게 생각하지 않아요. 법과 원칙을 지키는 게 시대 흐름에 뒤떨어지는 일이라면 누가 법을 지키겠습니까? 그래서 고대 서양의 소크라테스는 "악법도 법이다."라는 명언을 남기지 않았나요?

이대로 변호사　여기서 소크라테스가 왜 나옵니까? 그리고 "악법도 법이다."라는 말은 독재자들이 자신들의 통치를 정당화하기 위해 지어낸 말이지 소크라테스가 남긴 말이 아니라는 걸 모르십니까?

김딴지 변호사　참 답답하시네요. 제가 소크라테스의 말을 인용한 것은 법과 원칙을 지켜야 옳다는 걸 강조하기 위함입니다. 이 변호사님은 다른 사람의 말에 꼬투리를 잡으려 하기 전에 먼저 속뜻을 파악하셔야 할 것 같네요.

이대로 변호사　물론 김 변호사의 말대로 법과 원칙은 지키는 것이 옳습니다. 하지만 법과 원칙이란 시대에 따라 달라지는 것입니다. 만약 오늘날 사람들에게 조선 시대의 법을 지켜야 한다고 강요한다면 그게 제대로 지켜질까요? 그런 것처럼 17세기 후반부터 난전 상인들이 본격적으로 활동을 시작한 이유는 그만큼 여러 가지 환경과 시대가 변했기 때문입니다. 그런데 시전 상인들은 관리들과 짜고 난전을 억압하는 일에만 매달렸습니다. 여기서 원고에게 한 가지 질문을 하겠습니다.

　　이대로 변호사는 숨을 한번 고르고 나서 원고 김시전 쪽으로 몸을 돌렸다.

결탁
주로 나쁜 일을 꾸미려고 서로 한통속이 되는 것을 말합니다.

이대로 변호사　　　저는 시전 상인들이 난전 상인들 때문에 어느 정도 피해를 보았다는 점은 인정합니다. 하지만 금난전권은 시전 상인들이 정부와 짜고 얻은 특권이 아닌가요?

김시전　　　특권이라니, 지나친 말이군요. 금난전권은 시전 상인의 특권이 아니라 마땅히 찾아야 할 권리일 뿐입니다.

이대로 변호사　　　하지만 금난전권은 시전 상인들이 정부와 **결탁**해 얻은 권리이니 특권이라고 볼 수 있습니다. 그렇지 않습니까?

김시전　　　이것 봐요. 자꾸 특권이니 결탁이니 하며 시전 상인들을 모욕하는데 무슨 근거로 그렇게 말하는 것입니까?

이대로 변호사　　　원고는 18세기 초에 전안 제도가 시작되기 전까지는 시전 상인이 독점권만 가졌다고 했지요? 독점권이 뭔지는 아시죠? 만약 원고가 중국산 비단을 팔고 있다면 다른 상인들은 절대로 중국산 비단을 팔지 못하게 하는 권리 말입니다. 이런 독점권을 가지고 있으니 소비자들은 보다 싼값에, 보다 좋은 품질의 비단을 사고 싶어도 그렇게 할 수가 없었던 겁니다. 거꾸로 원고는 비단 값을 올리고 싶으면 얼마든지 올려서 어마어마한 이득을 남기게 됩니다. 그러니까 이게 특권이 아니면 뭡니까?

김시전　　　뭐 그렇게 말할 수도 있지만 난 양심에 따라 장사를 했지 그런 특권을 누려 본 일이 없습니다. 게다가 우리 시전 상인들은 정부에 많은 세금을 바치고, 관리들의 녹봉을 대신 지불하는 것 외에도 다른 많은 고충이 있었습니다. 납품한 물건 값도 제대로 받지 못하는 일이 **비일비재**했습니다.

이대로 변호사　또 무슨 억지 주장을 하시려는 겁니까?

김시전　억지 주장이라뇨? 나는 말을 지어내지도, 과장하지도 않았습니다. 내가 아까 말한 것처럼 시전 상인은 여러 관청에서 필요로 하는 물품을 관리들이 정한 가격으로 공급해야만 했습니다. 그런데 관리들은 물건 값을 제때에 주지도 않았으며 이런저런 핑계를 대며 가격을 깎거나 떼어먹는 일이 많았던 겁니다. 우린 손해를 보면서까지 물건을 구입해 관청에 납품을 하는데 관리들은 그마저 떼어먹었으니 이만저만 손해를 보는 게 아니었어요.

이대로 변호사　그러나 금난전권 문제는 그뿐만이 아니었지 않습니까? 조선 후기의 경제 발전을 막았으며 한양의 소비자와 난전 상인들에게 매우 큰 피해를 주었습니다. 그렇지 않습니까?

김시전　난 그런 주장에 동의할 수 없소. 이 변호사는 무슨 근거로 그처럼 주장하는 것입니까?

이대로 변호사　그렇다면 피해 당사자에게 질문하겠습니다. 난전 상인의 대표인 피고가 제 질문에 답해 주시지요. 피고와 같은 사상들이 금난전권의 시행으로 어떤 피해를 입었습니까?

박사상　내가 활약하던 조선 후기에 나라 안에서는 자본주의가 싹트기 시작했습니다. 자본주의라는 것은 쉽게 말하면 많은 밑천을 가진 사람이 그 밑천으로 상품을 생산하거나 장사를 잘해서 더 큰 부자가 되는 경제 체제를 말하는 것이지요.

이대로 변호사　　그렇다면 밑천이 없거나 밑천을 끌어들일 수 없는 사람들은 평생 가난하게 살 수밖에 없는 게 아닌가요?

박사상　　당장 밑천이 없으면 장사를 시작하기 어렵겠지만 일단 근검절약하는 생활을 하면 재산을 모을 수 있습니다. 즉 누구나 노력하면 부자가 될 수 있지요. 그런 자본주의의 보편성 때문에 지금 전 세계 대부분의 국가가 자본주의 체제를 취하게 된 것이죠. 누구나 기회는 찾아오는 법이니 그런 기회를 잘 살리면 부자가 될 길은 많습니다. 아무튼 사람들은 누구든 자유롭게 학문을 하거나, 정치를 하거나, 창의력을 발휘해 문화·예술을 발전시키거나, 나처럼 장사를 해서 큰 부자가 되려는 욕망을 가지고 있는 법이지요. 그런데 정부는 재정을 늘리기 위해 시전 상인들을 이용했고 시전 상인들은 정부에 협조한 대가로 독점권을 얻어 사상들을 억눌렀습니다. 금난전권 때문에 조선은 경제가 발전하기는커녕 뒷걸음질을 치게 된 것이었죠.

이대로 변호사　　사상들뿐만 아니라 한양의 소비자들도 큰 피해를 보았겠죠?

박사상　　그거야 말할 것도 없습니다. 예를 들어 어떤 사람이 두루마기를 짓기 위해 시장에 나갔다고 칩시다. 똑같은 옷감의 가격이 시전에선 5냥, 난전에선 3냥이라면 당연히 난전에서 옷감을 사지 않겠습니까? 그런데 금난전권을 가진 시전 상인들이 난전에서 옷감을 팔지 못하게 하면 난전 상인은 물론 소비자들도 손해를 보는 것이지요.

이대로 변호사   피고의 말을 종합해 보자면 소비자와 사상 대다수가 정부와 결탁한 시전 상인이 무서워 피해를 입으면서도 반항을 하지 못했다는 것이군요. 그럼 마지막으로 피고에게 한 가지 질문만 하고 신문을 마치겠습니다. 원고는 앞서 여러 조세 부담을 이유로 고충을 토로했습니다. 피고는 이런 원고의 주장에 대해 어떻게 생각하십니까?

박사상   나로선 어이가 없는 말일 뿐입니다. 일단 작고 힘없는 쥐는 배부른 고양이의 처지를 불쌍하게 여길 여유조차 없습니다. 그리고 설령 시전 상인에게 괴로움이 있다고 쳐도 사상들에게 금난전권을 휘두르는 행위를 용인할 수는 없습니다. 만약 내가 관리들에게 그런 피해를 당하는 시전 상인이었다면 당장 장사를 집어치웠을 것입니다. 그런데 시전 상인들이 금난전권을 지키려고 그토록 애쓴 이유는 뭘까요? 우리와 같은 사상들보다 시전 상인이 온갖 특권과 이득을 볼 수 있었기 때문입니다. 안 그렇겠습니까?

이때 박사상이 발언하는 동안 성이 나서 계속 얼굴이 붉으락푸르락했던 김시전이 원고석에서 벌떡 일어서서 외쳤다.

김시전   허, 웃기지도 않는 소리! 그건 오히려 내가 하고 싶은 말이오! 내가 만약에 사상으로 활동하며 시전 상인에게 온갖 행패를 당했다면 당장 장사를 집어치웠을 겁니다. 그런데 사상들은 우리 시전 상인 때문에 못살겠다고 투덜거리면서도 장사를 아주 잘 합디다. 판사님, 그것은 바로 시전 상인보다 사상으로 장사를 하는 게 훨씬 낫다는 증거가 아니겠습니까? 박사상 씨, 어떻게 생각하시죠? 사상들은 우리보다 훨씬 적은 세금을 바치고도 나라 안팎을 마음껏 누비고 다니며 큰돈을 벌 수 있으니 얼마나 좋았습니까?

박사상 이것 보시오, 상업의 기본도 모르는 김시전 씨! 생산자와 소비자 사이에 물품을 유통시켜 주고 그 대가로 이윤을 남기는 게 상인들 아닙니까? 그런데 당신과 같은 시전 상인들은 부모를 잘 만난 덕분에 가만히 앉아서 독점권을 누렸고 정부와 백성에게 많은 민폐를 끼쳤으니 시전 상인이야말로 역사와 대중 앞에서 참회해야 한다고 생각지 않으십니까?

판사 자자! 원고와 피고는 조용히 하세요. 두 분 모두 앞으로는 다른 사람이 말하는 동안에는 함부로 끼어들지 마시고, 저에게 발언권을 구한 뒤 말씀하세요. 이번 주제가 계속되면 감정싸움으로 확대되고 결말이 날 것 같지 않으니 이쯤에서 양측 변호사의 추가 질문이 없으면 다음 주제로 넘어가겠습니다. 시전 상인들이 금난전권을 가지게 된 후, 난전 상인들을 어떻게 막았는지 좀 더 자세히 알아보도록 하죠.

2

난전 상인들은
어떻게 탄압받았을까?

김딴지 변호사　판사님, 난전 상인들의 불법 상행위로 시전 상인이 받은 고통을 밝혀 줄 증인으로 평시서 관원 한 분을 모시려고 합니다.

판사　허락합니다.

　곧이어 힘깨나 쓸 것 같은 사람이 나와 선서를 하고 증인석에 앉았다.

김딴지 변호사　증인께선 성함과 당시에 어떤 일을 했는지 말씀해 주시겠습니까?

강단속　나는 조선 후기에 시전 상인들을 다스렸던 평시서의 관리로 강단속이라고 합니다. 나는 평시서 관리 중 중간쯤에 있는 '직장'

이란 벼슬을 지냈습니다.

김딴지 변호사　평시서가 어떤 곳인가요?

김시전　조선 정부는 물가를 관장하고 상인들을 통제하기 위해 경시서라는 기관을 두었는데 나중에 '평시서'라는 이름으로 바뀌었습니다. 평시서는 저울과 물가를 통제하고 상도덕을 바로잡는 역할을 했는데, 주로 시전에서 팔 물건의 종류를 정하고 시전 상인의 독점권을 보호하는 일을 맡았습니다.

김딴지 변호사　이번 재판에서 처음으로 관리가 증인석에 앉게 되었군요. 그런데 저는 한성부에서도 시전 상인을 관리했다고 하는 이야기를 들은 적이 있습니다.

강단속　그렇습니다. 한성부는 지금의 서울특별시청과 같은 행정 기구였는데 한양의 인구와 시전, 집과 건물, 토지, 한양을 둘러싼 여러 산을 관리하는 게 주요 임무였습니다. 여기서 알 수 있는 것처럼 한성부의 주요 임무 중 하나가 시전 관리였습니다.

김딴지 변호사　그렇다면 평시서의 업무와 겹치는 셈인데 문제가 되지 않았습니까?

강단속　업무가 겹쳤지만 평시서가 한성부의 지시를 받는 하급 기관이라 큰 문제는 아니었습니다. 정말 문제가 된 것은 평시서가 한성부뿐만 아니라 조선 정부의 재정을 관리하는 호조, 그리고 형벌을 관리하는 형조의 감독을 받았다는 것입니다. 평시서가 며느리라면 시어머니가 셋이나 되었으니 골치가 아팠지요. 하지만 조선 후기로 접어들어 평시서는 본래의 역할을 충실히 할 수가 있게 되었습니다.

국역
나라에서 백성에게 지우던 부역을 말합니다.

난립
질서가 없이 여기저기서 나서는 것을 말합니다.

칠패
한양 시내에 있던 난전 시장으로, 지금의 남대문 시장의 전신입니다.

집산지
생산물이 여러 곳에서 모여들었다가 다시 다른 곳으로 흩어져 나가는 거점입니다.

김딴지 변호사　　　본래의 역할이라고 하면 난전 상인을 막는 일을 말씀하시는 것이죠? 증인은 평시서의 관원이었으니 그 일에 앞장섰겠지요?

강단속　　　물론입니다.

김딴지 변호사　　　처음에는 시전이 한양의 시장권을 장악하였고, 국역을 부담하는 대신 독점권까지 부여받았는데 도대체 어떻게 난전 상인이 시전 상인에게 타격을 줄 수 있었습니까? 난전 상인이 금난전권에 아랑곳하지 않고 운종가에 난립했었나요?

강단속　　　그렇다기보다도 시전 상인의 전매품을 생산지에서나 한양으로 오는 길목에서 사재기하여 시전 상인이 물건을 손에 쥘 수 없는 경우가 생겼습니다. ▶사실 당시 종루의 시전 상가는 궁궐이나 관부, 사대부 집안에 필요한 물품을 판매하고 있었기 때문에 서민들은 칠패나 이현 시장에서 구입하는 것이 일반적이었죠.

김딴지 변호사　　　칠패나 이현(배오개) 시장도 관부의 허락을 얻은 곳입니까?

강단속　　　아닙니다. 두 곳 모두 사상이 활동한 시장으로 서민들이 주로 이용했습니다. 서소문과 남대문 사이에 형성된 칠패 시장은 경강 지역과 가까워 각종 어물과 미곡 등이 거래되었고, 동대문 근처로 현재 광장시장 근처에 형성된 이현 시장은 동북 지역으로 가는 판매 물품의 1차 집산지였습니다. 이런 시장들은 난전 상인들이 운영하였

교과서에는

▶ 18세기 이후, 사상들은 한양을 비롯한 각지에서 활동했습니다. 주로 칠패나 송파 등 도성 주변에서 활동했지만 개성, 평양, 의주, 동래 등 지방 도시에서도 활발한 활동을 펼쳤습니다.

으므로 상거래 질서란 게 없었습니다. 이곳을 본거지로 해서 난전 상인들이 활개를 치고 다녔던 것이죠.

김딴지 변호사　판사님, 시전 상인이 금난전권을 얻게 된 배경이나 그 이후의 상황을 살펴보면 시전 상인이 난전 상인의 몰지각한 상행위로 얼마나 큰 정신적·경제적 피해를 입었는지 알 수 있습니다. 원고는 금난전권을 통해 권리를 찾으려고 했을 뿐인데 난전 상인들에 의해 역사 속에서 제 잇속만 채우려는 악덕 업자 및 권력에 빌붙어 사는 부패한 상인, 깡패 등으로 오인받고 있습니다.

판사　피고 측 변호인, 증인 신문하시겠습니까?

이대로 변호사　네, 원고와 증인은 법을 실행한다는 이유로 난전 상인들의 물건을 빼앗거나 불에 태우고 어느 때는 폭력까지 사용했지요? 시전 상인이 금난전권을 가졌다는 이유로 그렇게 하는 것이 정당했을까요?

강단속　정당한 것도 아니고 부당한 것도 아니었습니다.

이대로 변호사　네에? 그게 무슨 말씀이신가요?

강단속　그러니까 내 말은, 시전 상인들이 정해진 절차를 지키지 않은 게 문제일 뿐, 난전 상인을 몰아내려고 한 것은 그들이 가진 권한이라는 말입니다. 예를 들어 명주를 파는 시전 상인이 어떤 난전에서 명주를 파는 것을 알게 되었다면 그 난전을 평시서에 고발할 수 있었습니다. 그러면 평시서는 다시 한성부에 보고한 뒤 현장으로 나가 난전의 물건을 압수하고 그 상인을 몰아냈었죠. 그게 정해진 절차였습니다. 그런데 시전 상인 맘대로 난전의 물건을 빼앗거나 탄

압한 것은 정당한 행위가 아니었지만 그렇다고 해서 난전 상인을 몰아내는 것이 옳지 않은 것도 아니라는 말입니다.

이대로 변호사　증인은 쉬운 말을 매우 어렵게 하시는군요. 증인은 평시서의 책임자로 있으면서 난전 상인들을 수없이 탄압한 사실을 인정하십니까?

강단속　우리 평시서 관원들은 그저 법과 원칙을 지키려고 노력했습니다. 그러니 난전을 막은 것은 절대 탄압이 아니라 우리에게 주어진 임무를 수행한 것뿐이죠.

이대로 변호사 　하지만 실제로는 법과 원칙을 지키지 않았습니다. 『조선왕조실록』, 『승정원일기』 등 역사책에는 평시서 관리들의 횡포가 매우 지나친 것으로 기록되어 있습니다. 예를 들어 그들은 정기적으로 난전을 단속했는데 한번 시장에 나갈 때마다 얼마나 많은 물품을 빼앗았는지 한성부가 가지고 있던 빚을 한꺼번에 갚을 수 있을 정도였다고 합니다. 난전 상인들에게 장사를 하지 못하게 막으면 될 것이지 왜 그들의 재산을 함부로 빼앗은 겁니까?

강단속 　크흠! 그건 부하들이 저지른 짓이라 나는 잘 모릅니다. 그리고 처음부터 평시서에서 난전 상인들의 물품을 빼앗은 것은 아니었습니다. 시전 상인들을 위협하는 난전 상인의 숫자가 갑자기 늘어나는 바람에 평시서에선 그들을 막는 게 힘에 부쳤습니다. 그러니까 난전 상인의 물품을 빼앗게 된 것은 어쩔 수 없는 일이었지요.

이대로 변호사 　법의 비호를 받는 관리이면서 힘에 부쳤다고요? 게다가 평시서 관리들은 시전 상인들에게 녹봉을 받지 않았습니까?

강단속 　그것도 내가 어쩔 수 없는 일이었다고 말하는 부분과 관련이 있습니다. 평시서라는 기관은 본래부터 힘이 없었습니다. 우리가 형조나 포도청쯤 된다면 눈만 부릅떠도 난전 상인들이 물러났겠지만 평시서는 몇 명 안 되는 관원들로 이뤄졌어요. 우리가 난전을 막으려 해도 하급 관리들이 없어 발만 동동 구르는 형편이었지요. ▶게다가 평시서는 한성부와 호조, 형조 등의 지시를 받아야 했으니 무슨 힘이 있었겠습니까? 그래서 시전 상인들이 여러 하

교과서에는

▶ 조선의 사법 기관은 행정 기관과 정확히 나누어져 있지 않았습니다. 중앙에는 관리의 잘못과 중요한 사건을 재판하는 사헌부, 의금부, 형조와 수도인 한양의 치안을 담당하는 한성부가 있었습니다. 그리고 노비와 관련된 문제를 담당하는 장례원도 있었습니다.

인들을 평시서로 보내 일하도록 했어요. 그런 까닭에 시전 상인들이 돈을 거둬 평시서 관리들의 녹봉을 지불하게 된 것입니다.

이대로 변호사   한마디로 평시서의 하급 관원들은 실제로는 시전 상인이 파견한 하인들이었군요. 이로써 증인은 평시서와 시전이 한통속임을 실토하셨습니다.

강단속   평시서 관리들을 그런 식으로 매도하지 마십시오! 그리고 우리는 시전과 한통속이 아니라 정당한 권리를 침해받는 백성을 보호했을 뿐입니다.

이대로 변호사   증인은 법과 원칙에 따라 난전을 막으려 했다지만 실제로는 온갖 횡포를 부려서 난전 상인들의 원망을 들었습니다. 그런 나머지 정조 임금 때의 재상이었던 채제공은 평시서를 근본적으로 뜯어고쳐야 한다고 주장했습니다. 채제공은 그 이유로 평시서의 하급 관원이 지나치게 많으며, 온갖 부당한 이유를 붙여 난전 상인의 재산을 **수탈**했고 그 결과 관리들의 부정부패가 크게 늘어났음을 들었습니다. 증인은 이 점에 대해 어떻게 생각하십니까?

강단속   미안하지만 그건 생각해 본 일이 없소.

이대로 변호사   증인은 불리한 질문에는 답변을 피하는 습관이 있군요. 그렇다면 저도 더 이상 물을 게 없습니다.

판사   증인, 수고하셨습니다. 이제 퇴정하셔도 됩니다.

김딴지 변호사   판사님, 피고 측에서 자꾸 시전 상인을 **정경유착**의 표본으로 삼는데 당시 난전 상인들이 관리들과 결탁하여 부정을 저지르는 행위도 심각했습니다.

판사　사실입니까?

김딴지 변호사　네, 18세기 전반 무렵엔 난전 상인들도 지위가 높은 관리들에게 기대어 횡포를 부렸다는 기록이 전해지고 있습니다.

판사　자세히 말씀해 주시겠습니까?

김딴지 변호사　1730년(영조 6)의 일을 예로 들겠습니다. 어느 날, 이상화라는 난전 상인이 시전 상인인 방홍규를 마구 때려 거의 죽을 지경이 되었습니다. 이 사실만 해도 난전 상인이 시전 상인에게 일방적으로 탄압을 받았다는 말은 새빨간 거짓이었죠. 어쨌든 이상화는 구타 죄로 고발되었지만 관청에서는 그를 구속하지 못했습니다.

판사　이유가 무엇입니까?

김딴지 변호사　이상화가 당시 권세 있는 대신과 결탁하고 있었기 때문입니다. 다시 말해 이상화가 호가호위(狐假虎威)를 부렸던 것입니다. 당시엔 그런 난전 상인들이 수두룩했으니 시전 상인들은 더욱 힘들게 살 수밖에 없었습니다.

이대로 변호사　판사님, 시전 상인들이 점점 어려워졌던 이유는 정작 따로 있었습니다. 서로 똘똘 뭉쳐 위기를 이겨 내도 모자랄 판에 서로 시기하고 배신하는 일이 많아졌기 때문에 결국 시전 상인들은 자멸한 것이죠.

판사　도대체 어떤 일이 발생했습니까?

이대로 변호사　시전 상인 중에 난전을 벌여 놓은 사람도 생겨나서

> **호가호위**
> 여우가 호랑이의 힘을 믿고 다른 짐승들에게 위세를 부린다는 말로 남의 권세를 빌려 허세를 부리는 것을 빗대어 하는 말입니다.

시전 상인들끼리 서로 충돌하는 일이 많아졌습니다. 이 기회에 당사자를 증인으로 요청하여 생생한 증언을 들어 보고 싶습니다.

판사 허락합니다. 증인을 출석시키세요.

잠시 후 증인석에 나와 선서를 한 사람은 무명을 전문으로 팔던 면포전 주인이었다.

판사 간단히 자기소개 부탁드립니다.

백무명 나는 육의전 중 면포를 팔던 시전 상인인 백무명이라고 합니다. 어느 날 갑자기 원고와 그 패거리가 내가 난전을 열었다며 공격을 하지 뭡니까. 그 후로도 제대로 영업을 할 수 없어서 엄청난 손해를 입었습니다.

이대로 변호사 증인은 시전 상인, 그중 규모가 큰 육의전 상점의 주인이면서 왜 난전을 열었던 것입니까?

백무명 난 난전을 벌인 적이 없습니다. 원고의 주장은 사실이 아니지요.

김시전 이보게, 백 씨! 이 자리에 나와서도 거짓말을 하다니 제정신이야?

이대로 변호사 지금은 증인에게 질문하는 중이니 원고는 조용히 계세요.

김딴지 변호사 판사님, 이의 있습니다. 지금 원고는 증인이 진실을 숨기려는 것을 지적한 것뿐이니 원고에게도 발언 기회를 주시기 바랍니다.

판사   인정합니다. 원고는 증인이 난전을 열었다는 근거를 제시하세요.

김시전   시전 상인들의 조직이 탄탄했다는 것은 앞에서 여러 번 말씀드렸죠? 우리 시전 상인들은 서로 돕고 조선의 경제를 발전시키는 데 이바지하려는 뜻으로 회칙을 정해 놓았습니다. 그리고 '일물일전(一物一廛)', 그러니까 하나의 시전에서는 한 종류의 물품만 취급한다는 원칙을 반드시 지키도록 했지요. 그런데 증인 백무명은 장사가 안 된다는 이유를 대며 어느 날부터 중국산 비단을 몰래 팔기 시작했던 겁니다. 그렇다면 난전 상인이 중국산 비단을 파는 것이나 증인이 일물일전의 원칙을 어기고 중국산 비단을 파는 것이나 뭐가 다릅니까? 그래서 증인은 난전 상인과 마찬가지였습니다.

판사   증인은 지금 원고의 말을 인정하십니까?

백무명   뭐, 난전을 연 것은 아니었지만 중국산 비단을 판 것은 사실입니다.

이대로 변호사   그렇다면 무명을 전문으로 팔던 증인이 중국산 비단을 팔아야 했던 이유가 있었을 텐데요?

백무명   여러 가지 이유가 있었습니다. 무엇보다 그때는 고급 비단을 찾는 사람들이 크게 늘어났는데 원고는 그걸 독점해서 큰 이득을 얻었습니다. 내가 취급하던 무명은 잘 팔리지도 않았고 팔아 봤자 이윤이 남질 않았기 때문에 나는 이윤을 많이 남길 수 있는 물건을 팔아 보려고 했을 뿐입니다. 어떻게든 살아야 했으니까요.

이대로 변호사　　그렇군요. 그러면 증인은 원고로부터 어떤 피해를 입었나요?

백무명　　어느 날 원고의 하인들이 우리 가게로 쳐들어왔습니다. 그들은 중국산 비단을 모조리 빼앗아 가게 앞에 쌓아 놓고 불을 지르더군요. 그래서 내가 원고에게 강력히 항의하자 이번엔 평시서에다 나를 고발합디다. 그날 나는 포도청으로 끌려가 곤장 30대를 맞고 겨우 풀려났습니다. 어떻게 같은 시전 상인에게 그런 행패를 부릴 수 있습니까?

이대로 변호사　　곤장 30대라면 매우 큰 벌이었죠?

백무명　　엉덩이의 살점이 떨어져 나갈 정도로 엄한 벌이었습니다.

그때 나는 그 매를 맞다가 죽는 줄 알았지요. 그 벌 때문에 지금도 날씨가 흐리면 온몸이 쑤시고 팔다리가 저립니다.

김시전 또 거짓말하고 있네! 죽어서 영혼만 남았는데 어떻게 온몸이 쑤신단 말이야?

판사 원고는 조용히 하세요. 증인은 시전 상인이면서도 동업자끼리의 약속을 어긴 점이 부끄럽지 않았습니까?

백무명 나 혼자만 그랬다면 몰라도 그때의 많은 시전 상인들은 전부 그런 식으로 장사를 했습니다. 게다가 그땐 우리 같은 시전 상인들이 금난전권을 가졌다 해도 난전 상인들을 도무지 막을 수가 없었습니다. 시대가 그랬으니 어쩌겠습니까? 나도 시전을 운영했지만 금난전권에만 매달리는 짓은 참으로 한심한 일이었습니다.

이대로 변호사 판사님, 그리고 배심원 여러분! 방금 백무명 증인의 진술처럼 조선 후기에는 시전 상인들이 제아무리 금난전권을 휘두른다 해도 우후죽순처럼 늘어나는 사상들과 그 세력을 막을 수가 없었습니다. 이런 가운데 시전 상인들이 스스로 규칙을 어기고 난전을 여는가 하면 시전 상인들 사이에서도 마찰이 자주 일어났고 여기에다 하급 관리들, 양반 가문의 위세를 업은 노비들까지 난전을 열어 갈등과 충돌이 그치지 않았습니다. 그리고 그 모든 원인은 시전 상인들의 특권과 금난전권에 있었던 것입니다.

판사 백무명 증인의 말을 듣고 보니 조선 후기의 상업이 매우 복잡했으며 상인들 사이의 갈등이 컸다는 게 실감나는군요.

이대로 변호사 그렇습니다. 상인들의 갈등은 육의전 대 육의전, 육의전 대 일반 시전, 시전 대 시전, 시전 대 사상, 육의전 대 수공업자, 일반 시전 대 수공업자 등 여러 갈래였습니다. 그런데 이런 갈등 관계를 살펴보면 대개 시전 상인들이 가졌던 금난전권에서 비롯되었음을 알 수 있습니다. 한마디로 요약하자면 금난전권은 조선의 경제 발전을 가로막는 커다란 걸림돌이었던 것이죠.

판사 알겠습니다. 금난전권이 경제 발전의 장애물이라는 피고 측 주장에 대한 판단은 배심원단에게 맡기고 이만 이 주제를 마무리하겠습니다. 오늘은 시전 상인들에게 왜 금난전권이 필요했는지, 금난전권이 조선 후기의 경제에 어떤 영향을 끼쳤는지 알아보았습니다. 오늘 재판은 이상으로 마칩니다. 양측 모두 수고하셨습니다.

땅! 땅! 땅!

조선의 시전과 취급 상품

조선은 한성부 중심부인 운종가에 상점가를 만들어 상업 활동을 통제했습니다. 지금의 종로 거리에 크기가 똑같은 시전을 세워 90여 종의 상품을 전문적으로 판매하게 했는데 시전들은 업종별로 구획되어 있었습니다. 그중에서도 비단, 무명, 명주, 모시, 종이, 어물을 파는 시전(육의전)이 가장 번성했습니다. 시전 행랑의 뒤쪽 골목은 '말을 피하는 길'이라는 뜻을 가진 피맛길이 있는데 이 길은 운종가에 고위 관리나 양반들의 행차가 잦아서 관리들과 마주칠 때마다 예를 갖추는 번거로움을 피하기 위해 일반 백성들이 자주 애용하던 길이었습니다.

청밀전	꿀
경염전	소금, 꼴뚜기젓
체발전	부인의 머리장식용 가체, 다리꼭지
내장목전	가옥 건축용 목재
철물전	농기구 및 철물 도구
연죽전	담뱃대, 담배통
내외시저전	유기로 만든 수저류
유기전	놋그릇
우전	소
마전	말

다알지 기자

　　오늘은 금난전권 폐지와 관련해 두 번째
재판이 열렸습니다. 오늘도 재판이 끝날 때까
지 원고와 피고 측의 치열한 공방이 벌어졌는데
요, 원고 측에서는 난전 상인의 비도덕적인 상권 확대로 인해 시전 상
인이 금난전권을 요구할 수밖에 없었던 상황을 설명했습니다. 이에 피
고 박사상은 시전 상인이 가진 금난전권 때문에 여러 백성과 소상인
들이 막대한 피해를 입었다고 주장했습니다. 특히 시전 상인과 그들의
하수인인 평시서가 공권력을 행사하며 자행한 온갖 만행을 비난했습
니다. 그럼 오늘 재판의 가장 큰 쟁점인 금난전권을 두고 양측 변호사
의 주장을 들어 보겠습니다.

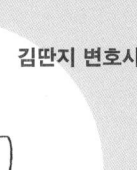

김딴지 변호사

아무리 자본주의가 좋고 자유 시장 경제 체제가 옳다고 해도 상인에게는 지켜야 할 도리가 있습니다. 그것을 '상도의'라고 하는데 피고 박사상 씨를 비롯해 난전 상인들에게 그런 게 있었습니까? 피고는 상도의를 헌 짚신처럼 내동댕이치고 돈만 벌면 장땡이라고 생각하는 사람입니다. 요즘도 지상 세계에서는 그런 대기업 회장님들 많지요?

이대로 변호사

이번의 재판 과정을 지켜보신 분들은 잘 아시겠지만 차츰 금난전권이 폐지된 것이 백 번 옳았다는 게 증명이 되고 있습니다. 김딴지 변호사가 제아무리 뛰어나다 해도 이번엔 패소할 게 분명하다, 이런 말이죠. 이번 재판의 원고 김시전 씨는 금난전권 폐지로 막대한 손해를 보았다고 주장하는데 왜 이제야 소송을 제기했는지 이해가 안 되는군요. 가해자가 오히려 피해자가 되었다며 사기를 치는 것과 마찬가집니다. 시전 상인들에게도 상도의 따위는 없었던 것 같은데요. 아무리 난전이 밉더라도 남의 재산을 함부로 수탈하고 같은 시전 상인들끼리 다투는 건 좀 심하지 않습니까?

금난전권은
어떻게 폐지되었을까?

1. 금난전권은 왜 폐지되었을까?
2. 금난전권이 폐지된 이후의 조선 상업은 어떻게 변화했을까?

1

금난전권은
왜 폐지되었을까?

판사   드디어 마지막 재판이군요. 오늘은 이번 재판의 가장 중요한 주제인 금난전권이 왜, 어떻게 폐지되었는지 알아보는 시간입니다. 먼저 이대로 변호사가 시작하세요.

이대로 변호사   지금까지 살펴본 것처럼 조선 후기에는 자본주의의 싹이 트기 시작하면서 상업이 발달했고 상인들도 여러 부류가 생겨났습니다. 이런 상인들은 크게 시전 상인처럼 정부와 결탁한 어용상인이 있는가 하면 정부의 간섭을 받지 않고 제법 자유롭게 장사를 하던 사상으로 나눌 수가 있었지요. 그런데 시전 상인들은 국가에 바치는 세금 부담이 크다는 이유로 자신들이 파는 상품을 독점했고 사상들을 난전이라 부르며 난전을 막는 권한인 금난전권을 얻었습니다. 하지만 금난전권은 처음 만들어졌던 뜻과는 다르게 조선의 상업 발전을 가로막는 장애물이 되었습니다. 시전 상인들과 평시서 등에 속한 관리들은 금난전권을 이용해 규모가 작은 난전 상인들을 마구 수탈해 자신들의 배를 채웠던 것입니다.

그 증거 자료로 1724년(영조 1) 10월 8일『승정원일기』에 기록된 문장을 짧게 소개해 보겠습니다.

근래 시전 상인들이 간사하고 탐욕한 경우가 많아서 옷감을 파는 소상인을 난전이라 칭하고는 구타하여 죽을 지경에 이르게 하고 물건을 모두 빼앗아 형조에 약간 상납하고 나머지를 모두 나누어 먹었으니 이는 곧 대낮의 도적이다.

－『승정원일기』중

이때 방청객들이 술렁거렸다.

"시전 상인들의 횡포가 도대체 얼마나 심했으면 대낮의 도적이라고 했을까?"

"뭐, 시전 상인들만 횡포를 부렸겠나? 난 그들을 이용해 돈을 챙긴 관리들이 더 문제라고 생각하네."

"맞아. 조선 시대엔 어째서 탐관오리가 그리도 많았는지 모르겠어."

판사가 주의를 주자 방청석은 곧 잠잠해졌고 이대로 변호사가 말을 이어 나갔다.

이대로 변호사　방금 전『승정원일기』중 한 대목을 소개한 것처럼 18세기로 들어선 뒤로 시전 상인들의 횡포가 더욱 심해졌습니다. 이에 따라 그 무렵부터 금난전권을 아예 없애야 한다는 여론이 일기 시작했습니다.

판사　그래서 금난전권이 바로 폐지되었습니까?

이대로 변호사　그렇지 않습니다.

판사　왜 시전 상인을 '대낮의 도적'으로 비유하면서도 금난전권을 폐지할 수 없었습니까?

이대로 변호사　거기엔 여러 가지 이유가 있었습니다. 먼저 영조 임금이 금난전권 폐지를 반대했기 때문입니다. 영조는 조선 초기부터 정부가 난전을 금지해 왔으며 금난전권을 없애면 시전 상인들이 큰 피해를 입을 것으로 여겼습니다. 이렇게 되자 여러 대신들이 금난전권의 범위를 한양 외곽 지역으로 넓히자고 주장했으며 이때 광주 송파장을 아예 없애자는 이야기까지 나왔습니다.

판사　송파장이 금난전권에 큰 영향을 주었기 때문인가요?

이대로 변호사　그렇습니다. 송파장을 비롯한 한양 근교에 있던 장시에서는 수많은 난전 상인들이 전국 각지에서 물건을 사들여 소비자들에게 팔았는데 그 일로 시전 상인들의 피해가 매우 컸습니다. 특히 송파장 상인들의 활동이 활발했습니다. 그래서 대신들은 송파장을 아예 없애야 한다고 주장했던 것이죠.

　하지만 금난전권을 없애는 것은 그 시대의 거대한 흐름이었습니다. 누구도 그것을 막을 수가 없었죠. 시전 상인과 결탁한 일부 대신들이 금난전권을 지키려고 했지만 많은 대신들은 금난전권을 **완화**시켜야 한다고 주장했지요. 결국 영의정 홍봉한, 한성부 판윤 남태재, 나중에 좌의정에 오른 한익모 등의 건의에 따라 영조는 금난전권을 완화하도록 했습니다.

완화
긴장된 상태나 급박한 것을 느슨하게 하는 것입니다.

판사 금난전권을 고집했던 영조가 그런 결정을 내렸다는 것은 큰 변화였군요. 그때 어떤 식으로 금난전권이 완화되었습니까?

이대로 변호사 시전 상인들에게 금난전권을 주되 난전 상인 중에서 규모가 작은 영세 상인에 대해선 장사를 계속할 수 있도록 했습니다. 이렇게 한 것은 시전 상인과 영세한 난전 상인을 모두 보호하기 위한 정책이었지요. 그러다가 2년 뒤인 1764년에 '보민사절목(保民司節目)'이란 제도를 만들면서 금난전권에는 큰 변화가 생겼습니다.

판사 '보민사절목'에는 어떤 내용이 담겨 있습니까?

이대로 변호사 "시전 상인도 나의 백성이고 난전 상인도 나의 백성"이라고 말한 영조의 뜻에 따라 영세 상인이 소소한 잡물을 판매하는 것은 캐묻지 않고, 동시에 금난전권의 범위를 줄이고 도고를 방지한다는 방안이었습니다.

판사 도고란 전에 말했던 부상대고처럼 대규모로 물건을 매매하는 상인을 말하죠?

이대로 변호사 그렇습니다. 조선 후기의 사상 중에는 큰 자본을 갖춘 상인들이 나타났는데 그들을 도고라고 불렀습니다. 처음 등장한 도고는 사상 출신이어서 난전 상인들의 편이 되어 주었지만 차츰 권

력자들과 결탁해 영세 상인들을 괴롭히기 시작했지요. ▶도고는 쌀이나 소금 등 소비자들에게 반드시 필요한 물건을 대량으로 사들여 창고에 보관했다가 그 물건의 가격이 크게 오를 때 비싸게 되팔아 많은 이익을 남겼습니다. 이렇게 도고들이 큰 부자가 되자 시전 상인들 중에서도 도고가 되는 경우가 많았지요. 따라서 도고는 크게 관리들과 결탁한 시전 도고와 사상 도고의 두 부류로 나눌 수 있습니다.

판사 그렇다면 영세 상인들이나 백성들이 도고들 때문에 큰 피해를 입었겠군요?

이대로 변호사 맞습니다. 백성들은 필요한 물건을 제때에 사지도 못했으며 그것도 비싼 값을 치러야 겨우 구할 수 있었죠. 영세 상인들도 마찬가지였고요. 그래서 정부에서는 도고를 큰 골칫거리로 여겼으며 그들을 엄하게 다스리려고 했습니다. 그런 이유로 '보민사절목'에도 도고를 방지한다는 내용이 담긴 것입니다.

판사 하지만 정부가 도고들의 활동을 막기엔 역부족이었을 것 같은데요?

김딴지 변호사 판사님께서 바로 보셨습니다. 정부는 도고들을 막을 도리가 없었는데 특히 금난전권이 폐지된 후로는 아예 도고를 막을 법조차 없어지게 된 거죠. 이런 점에서 금난전권을 없앤 것은 조선 후기의 경제 발전에 아무런 도움이 되지 않았음을 알 수 있습니다.

이대로 변호사 김 변호사는 이번에도 사실을 왜곡하는군요. 금난전권 자체가 조선의 경제를 후퇴시키는 제도였

교과서에는

▶ 도고의 활동
허생은 안성의 한 주막에 자리 잡고서 밤, 대추, 감, 배, 귤 등의 과일을 모두 사들였다. 허생이 과일을 도거리로 사 두자, 온 나라가 잔치나 제사를 치르지 못할 지경에 이르렀다. 따라서 과일 값은 크게 폭등했다. 허생은 이에 10배의 값으로 과일을 되팔았다. -「허생전」 중

습니다. 따라서 금난전권을 폐지한 것은 조선 후기의 경제 발전을 위해 숨통을 열어 준 것과 같은 일이었습니다.

판사　영조 임금은 처음에 금난전권 폐지를 반대하다가 나중엔 영세 상인들을 위해 보민사절목이란 제도를 만들었다고 했죠? 그런데도 금난전권은 정조 임금 때에야 폐지되었는데 왜 그런 것입니까?

이대로 변호사　무엇보다 금난전권을 한꺼번에 없앨 경우 여러 가지 부작용이 생길 것을 염려했기 때문입니다. 여기서 저는 금난전권 폐지에 한몫을 한 채제공 대감을 증인으로 신청합니다.

　잠시 후 지혜롭고 강직해 보이는 채제공이 증인석으로 나와 선서를 했다. 조선의 명재상 중 한 분으로 추앙받는 채제공이 등장하자 사람들은 그의 말 한마디라도 놓치지 않기 위해 숨을 죽였다.

폭등
물건의 값이나 주가 따위가 갑자기 큰 폭으로 오르는 것을 말합니다.

채제공　나는 1720년에 태어나 영조와 정조 두 분의 임금님을 모시며 국정에 참여했던 채제공이라 합니다. 부침이 많은 인생이었지만 사도세자의 죽음을 막지 못한 것을 제외하고는 사노비를 해방시키고 수원 화성을 건설하는 등 정조 임금님의 개혁 정책을 충실히 보좌했다고 생각합니다.

이대로 변호사　명재상일 뿐만 아니라 조선 후기의 개혁가로 손꼽히는 채제공께서 직접 증인으로 나와 주셔서 영광입니다. 증인께선 금난전권을 폐지한 주역이신데요, 당시의 사정을 말씀해 주시겠습니까?

채제공　당시의 사정이라면 왜 금난전권을 폐지해야 했는지를 묻는 것입니까?

이대로 변호사　네, 그렇습니다.

채제공　나는 1791년 1월 25일, 주상 전하(정조)께 몇 가지 이유를 들어 금난전권 폐지를 건의했습니다. 첫 번째 이유는 그 무렵, 도고들이 수많은 문제를 일으키고 있어 백성들에게 큰 피해를 주었기 때문이었습니다. 둘째는, 금난전권이 본래 시전 상인을 보호하기 위해 만들어졌지만 시전 상인들이 오히려 그런 특권을 휘두르며 물가를 **폭등**시켜서 일반 영세 상인과 백성들의 불만이 하늘을 찌를 정

채제공. 조선 후기의 문신으로, 정조를 도와 탕평책을 추진했습니다.

도였지요. 그 무렵엔 새로 평시서에 전안을 올리고 시전 상인이 되는 자들이 많았는데 그들 때문에 물건 값이 3~5배나 크게 올라 백성들은 날마다 한숨을 쉬는 상황이었습니다.

이대로 변호사 당시의 상황에 대해 더 자세히 설명해 주시겠습니까?

채제공 그렇다면 내 저서인 『번암집』에 실려 있는 내용을 한번 읽어 보겠습니다. 당시 내가 시전 상인의 만행에 대해 얼마나 분노했던지 상황을 자세히 기록해 임금께 보고하고 후세에도 알려야겠다는 생각으로 적은 글이지요.

번암집. 채제공의 시문집으로 1824년(순조 24)에 아들 홍원이 이정운·최헌중 등의 도움을 받아 함께 간행하였습니다.

요즘에는 무뢰배들까지 삼삼오오 무리를 지어 시전을 조직하고 백성들이 일상생활에서 사용하는 필수품을 독점하고 있습니다. 크게는 말과 배에 실은 물품에서부터 작게는 행상(行商)이 머리에 이거나 손에 들고 다니는 물품까지 시장으로 향하는 길목을 지키고 있다가 싼값에 강제로 사들입니다. 만약 물품의 주인이 자신들이 부르는 가격에 팔지 않으면 난전이라는 죄목을 뒤집어씌워 손발을 묶은 다음 관아에 넘겨 버립니다.

따라서 물품의 주인은 밑지더라도 눈물을 흘리며 팔지 않을 수 없고, 물품을 싼값에 사들인 시전 상인들은 자신들의 가게에서 몇 곱절의 이득을 붙여 백성들에게 팔고 있습니다. 백성들이 물품을 사지 않으면 그만이겠지만, 만약 사지 않을 수 없을 경우에는 시전 외에는 달리 물품을 살 곳이 없습니다. 이 때문에 가격이 하루가 다르게 치솟아 세 배 혹은 다섯 배까지 이릅니다. 최근 들어서는 그 행위가 더욱 심하여 채소나 옹기까지도 매점매석하는 시전이 생겨나 어느 누구도 사사로이 물품을 판매하지 못하고 있습니다. 이 때문에 소금을 구할 수 없는 경우가 발생하고, 제사 음식을 사지 못해 제사조차 받들지 못하는 사람들도 있습니다.

-『번암집』중

이대로 변호사   그런 이유로 금난전권을 없앤 것이군요.

채제공   하지만 완전히 없앤 것은 아닙니다.

이대로 변호사   네? 그런데 왜 세상에는 증인께서 금난전권을 폐지한 것으로 알려지게 되었을까요?

채제공   그때 내가 전하께 건의한 것은, 30년 안에 새로 생겨난 시전을 모두 없애 더 이상 횡포를 부리지 못하게 하자는 것과 육의전처럼 규모가 크고 조선 초기부터 만들어진 시전에게만 금난전권을 주도록 하자는 것이었지요. 사실 당시에는 모두들 금난전권의 폐해를 절감하고 있었지만 이 제도가 권력 투쟁이라는 민감한 사안과 연결되어 있어서 아무도 손을 대려 하지 않았습니다. 내 마음 같아선 금난전권을 싹 없애버리고 싶었지만 노론의 반대가 너무 거세어서 육의전의 특권을 남겨둘 수밖에 없었지요. 그 당시 금난전권을 전면적으로 폐지하자는 게 아닌데도 내 제안은 엄청나게 파격적인 조치임

은 틀림없었죠.

이대로 변호사　　증인께서 그런 건의를 하여 금난전권이 폐지된 사건을 흔히 신해통공이라고 부르지요?

채제공　　그렇습니다. 신해년인 1791년에 금난전권을 폐지했다 해서 신해통공이라 부르게 되었습니다.

김딴지 변호사　　증인께서는 소상인을 보호하고 높은 물가로 고통받는 백성들을 위해 이 정책을 제안했다고 말씀하셨습니다.

채제공　　그렇습니다.

김딴지 변호사　　하지만 많은 사람들은 증인이 금난전권을 폐지한 것을 두고 정치적인 이유가 있었다고 하더군요. 증인과 반대편이었던 노론 세력을 꺾기 위해 신해통공이 발표되었다고 하는데 이 점에 대해 어떻게 생각하십니까?

채제공　　나는 오래전부터 시전 상인들과 노론 세력이 결탁했다는 걸 알고 있었습니다. ▶시전 상인들은 노론의 보호를 받으며 특권을 누렸고, 노론은 시전 상인의 뇌물을 받아 재정을 마련했던 셈이지요. 하지만 나는 정치적인 목적 때문이 아니라 백성과 영세 상인의 고통을 줄이기 위해 금난전권을 폐지한 것뿐입니다.

김딴지 변호사　　하지만 당시 병조판서 겸 평시서 제조였던 김문순은 "시전은 수백 년의 역사를 이어 가며 나라 재정에 큰 도움을 주었는데 시전의 특권을 없애면 여러 시전 가게가 망하게 되어 결국 금난전권 폐지는 시전 전체를 없

정약용이 설계하고 채제공이 공사를 감독해 완성한 수원 화성. 세계 최초의 신도시로 손꼽히며 당시 각지의 상인들이 화성에 터 잡고 장사를 시작했습니다.

애는 것과 마찬가지"라고 했습니다. 노론은 한양에서 시전이 사라지면 경제 성장세도 주춤하지 않을까 고심했던 것 같습니다.

채제공　　금난전권을 없앤다고 시전이 없어진다는 추측은 억지 주장입니다. 오히려 나 혼자 정사를 주관하는 일이 지속되자 나를 끌어내리기 위해 시전 상인들을 조종하여 매점매석으로 대대적인 상품 품귀 현상을 일으킨 것은 김문순 쪽이 아닙니까? 노론은 단지 내가 제안한 정책 때문에 정치 자금줄이 끊어질까 두려워 반대한 것뿐입니다.

김딴지 변호사　　그럼 노론의 자금력을 약화시키지 않았다는 말씀이십니까?

채제공　　그럴 의도는 아니었으나 결과적으로 그렇게 되긴 했었죠. 그러나 이는 영조와 정조 임금께서 가장 중요하게 여긴 개혁 정책인 탕평책의 일환이라고 볼 수도 있습니다. 내가 대신으로 있을 무렵엔 노론과 남인 세력이 서로 다투고 있을 때였습니다. 그래서 영조 임금께서도 당파 싸움을 막기 위해 노론이든 남인이든 능력이 있는 인물을 고르게 등용하는 ▶'탕평책'을 썼지요. 신해통공 때문에 거대 정치·경제 세력인 노론과 도고를 견제할 수 있었으니 이것이 바로 탕평책이 아니고 뭐겠습니까?

금난전권을 폐지한 채제공

 1720년에 태어난 채제공은 영조 임금 때인 1743년, 과거에 급제해 벼슬
아치가 되었습니다. 1758년, 영조는 아들 사도세자가 여러 대신들의 의심을
받게 되자 세자에서 폐위하고 뒤주에 가둬 죽게 만들었습니다. 그 어떤 신하
도 영조의 모진 결심을 막지 못할 정도로 살벌했습니다. 그때 채제공이 목숨
을 걸고 영조에게 사도세자를 죽여서는 안 된다고 말렸습니다. 결국 사도세자
는 목숨을 잃고 말았지만 영조는 채제공의 충성심에 깊이 감동했습니다. 영조
는 세손인 정조에게 왕위를 물려주기 전에 채제공이 진실로 사심 없는 신하이
며 정조에게도 충신이 될 것이니 중용하라는 말을 남기기도 했습니다.

 학문이 깊었던 채제공은 정조를 가르친 스승이기도 했습니다. 따라서 정조
와 채제공 사이는 떼려야 뗄 수 없는 관계였습니다. 특히 정조의 거의 모든 경
제 정책은 채제공의 두뇌에서 나왔다고 합니다. 채제공은 당시 권력을 다투던
양대 세력인 노론과 남인 중 남인의 지도자였습니다. 따라서 노론 세력의 견
제를 받아 많은 시련을 겪어야 했습니다. 그럼에도 조선 후기의 사회와 경제
를 개혁하는 일에 앞장서서 정조가 조선의 문예 부흥을 이루는 데 크게 이바
지한 인물입니다.

 정조는 노론 세력이 득실거리던 한양을 떠나 수원에 머물며 조선을 개혁하
려는 계획을 세웠습니다. 그래서 정약용으로 하여금 수원 화성을 설계하도록
했는데 이때 수원 화성 건설의 총감독을 채제공에게 맡겼습니다. 채제공은 그

임무를 성공적으로 마쳐 수원 화성에 세계 최초의 신도시를 건설하는 데 공을 세웠습니다.

1790년 채제공은 좌의정에 임명되었는데 정조는 이때부터 영의정과 우의정에 아무도 임명하지 않아 채제공 혼자 3년 동안 재상의 자리에 머물게 했습니다. 채제공은 이때 시전 상인들이 관리들, 특히 노론 세력과 결탁해 부정을 저지르고 조선의 경제와 상업이 계속 후퇴하는 것을 안타깝게 여겨 이듬해인 1791년, '신해통공'을 통해 금난전권을 없애도록 했습니다. 이에 따라 육의전을 제외한 시전 상인의 금난전권이 없어져 누구든 자유롭게 장사를 하게 되어 상업이 활기를 띠게 되었지요. 한편 채제공은 신해통공뿐만 아니라 인삼 재배 권장, 공무역 활성화 등의 정책을 펼쳐 조선의 경제를 크게 발전시켰습니다.

2

금난전권이 폐지된 이후의
조선 상업은 어떻게 변화했을까?

김딴지 변호사   증인은 백성을 위한 순수한 마음으로 금난전권 폐지안을 발의했다고 주장하고 있으나 사실상 남인 출신이었던 증인에게 정치적 숙적이었던 노론 세력을 견제하기 위한 의도가 전혀 없었다고는 부인하지 못할 것입니다. 어쨌든 당사자가 부인하고 있으니 그렇다면 정치적인 문제는 일단 제쳐 두고 결과를 놓고 따져 보고 싶습니다. 증인은 도고 세력을 혁파하기 위해 금난전권을 폐지했다고 말했습니다. 하지만 금난전권이 폐지된 후 사상 도고는 더욱 번창했으며 시전 상인들은 다시 금난전권을 돌려달라며 끝없이 요구했습니다. 이런 사실로 볼 때 저는 금난전권을 폐지한 것은 실패한 정책이라고 주장하고 싶습니다.

이대로 변호사   김 변호사의 주장은 아무런 근거도 없는 허위 내용

입니다. 금난전권을 없앤 뒤 정부가 발표한 내용을 보면 한
양 백성들의 70~80퍼센트가 생활이 훨씬 편리해졌다고
했으며 금난전권이 없어짐에 따라 대부분의 사람들이 큰
이익을 보았다고 했습니다. 정약용에 의하면, 신해통공 조치 후 1년
정도 지나니 물가는 내려 안정되고 물자는 풍족해졌다고 합니다.

판사　　그렇다면 신해통공이 발표된 후 도고가 없어졌습니까?

이대로 변호사　　시전 도고들은 한동안 자취를 감췄습니다.

판사　　그 말씀은 시전 도고가 다시 등장했다는 뜻입니까?

이대로 변호사　　신해통공은 가난한 백성들을 돕고 나라 경제를 발
전시키기 위해 시전 상인들의 특권을 없애려고 만들어진 것이니 결
코 잘못된 정책이 아닙니다. 그리고 금난전권 폐지는 자유로운 상업
활동에 목적을 두었기 때문에 사상 도고를 없애지 못한 것입니다.

김딴지 변호사　　판사님, 저는 이 변호사의 주장을 반박하기 위해 정
조 임금 때 정승을 지내신 이병모를 증인으로 신청합니다.

판사　　허락합니다. 증인은 간략하게 자기소개를 해 주시기 바랍
니다.

이병모　　나는 1742년에 태어나 암행어사, 형조판서, 관찰사 등에
발탁되어 활약했고 나중에는 정승 자리에까지 올랐습니다. 나는 백
성들을 위한 정책을 펴기 위해 많은 고심을 했습니다. 『삼강행실도』
를 편찬하여 백성들 교화에 힘썼고, 흉년이나 춘궁기 대책안도 내놓
았죠. 임금님의 수원 행차를 반대한 것도 다 화성 백성과 경제를 생
각하는 마음에서 비롯된 것인데 정조는 내가 노론의 영수임을 들먹

혁파
제도나 법률 따위를 없애고 새로
이 만드는 것입니다.

이며 사사건건 내 충심을 무시했지요.

김딴지 변호사 증인은 금난전권이 폐지되기 전부터 관직에 몸담고 있으면서 백성들의 생활 향상을 도모했으니 신해통공에도 관심이 많았겠죠? 신해통공이 반포된 이후로 어떤 변화가 일어났는지 말씀해 주시겠습니까?

이병모 신해통공의 중요한 내용의 하나는 육의전을 뺀 나머지 시전 상인들의 특권, 그러니까 금난전권을 없애는 것입니다. 그런데 시전 상인에게 특권만 없어지고 정부에 세금을 바쳐야 할 의무는 그대로 남았던 것입니다. 상식적으로 볼 때 매우 부당한 일이었죠. 그래서 시전 상인들은 순조 임금 때인 1811년, 시전 상인을 관리하던 평시서를 없애고 세금도 거두지 말 것을 나라에 요구했습니다. 그게 어렵다면 다시 자신들에게 금난전권을 돌려달라고 주장했지요.

김딴지 변호사 그때 나라에선 어떻게 했습니까?

이병모 대신들은 한동안 옥신각신하다가 금난전권을 계속 가지고 있던 육의전에 대해서만 세금을 받기로 했습니다. 또 몇몇 규모가 큰 시전 상인에게 다시 금난전권을 주어 그들의 불만을 달래 주었죠.

김딴지 변호사 얼마나 허점이 많은 정책이었으면 부분적이라지만 이전의 제도를 부활시키는 지경에 이르렀을까요?

이대로 변호사 이의 있습니다. 그때는 문란한 세도 정치하에서 일부 시전 상인들이 우연한 기회를 얻은 것뿐입니다. 이후 꾸준히 나라에서 상업 자유화 조치를 취한 것만 봐도 신해통공이 얼마나 획기적이고 시기적절한 정책이었는지를 알 수 있습니다.

김딴지 변호사 좋습니다. 그때의 조치가 한시적이었다고 한다면 다른 문제는 어떻게 설명하시겠습니까? 신해통공은 소상인, 소생산자, 백성을 보호한다는 명목 아래 실시되었죠? 그렇다면 신해통공 이후 소생산자나 백성들의 삶은 어떻게 변화되었을까요? 이병모 증인께서 설명해 주시겠습니까?

이병모 채제공 대감은 도고 세력을 없애려는 목적으로 금난전권을 폐지했지만 신해통공 실시 이후 도고들은 더욱 큰 자본가로 성장했습니다. 금난전권이 폐지됨에 따라 누구든 자유롭게 장사를 할 수 있게 되었으니 도고들이야 물고기가 물을 만난 듯 신이 날 수밖에요. 이 점이 바로 신해통공의 모순이죠. 신해통공 이전에는 수공업자들이 자유롭게 판매할 수 있었습니다. 예전에는 생산자이면서 판매자였던 경우가 많았죠. 그러나 신해통공 이후에는 수공업자들은 독립적인 소상품 생산자가 아니라 거대 상인들의 집단에 예속되었습니다. 이는 도고들이 생산 과정 자체를 장악했기 때문이죠. 너도나도 장사를 할 수 있게 되었지만 거대 자본과의 싸움이 가당키나 합니까? 결국 그 정책으로 공정한 경쟁이 저해되고 경제 체제의 효율성도 악화되었죠.

김딴지 변호사 그럼 백성들에게 어떤 영향을 끼쳤습니까?

이병모 사상 도고와 시전 도고, 두 거대 재벌들끼리 피 튀기게 싸우니 백성들만 피해를 입게 되었습니다. 국가의 통제가 사라지니 도고들은 전국의 물가를 좌지우지했고요. 특히 쌀과 소금 등 생활필수품을 매점매석하는 행위로 인해 백성들의 고통은 더욱 가중되었습니다. 게다가 이렇게 쌓은 부를 이용해 상공업 발달에 투자하기보다는 토지를 사들여 농민의 계층 분화에 더욱 일조했습니다. 또한 지주층은 벼농사보다 열 배나 이윤이 남는 담배 재배에 열을 올려 토지가 점점 황폐화되어 갔고 그에 반비례하여 주된 식량인 쌀의 소출은 줄어들어 문제가 되었습니다.

김딴지 변호사　　판사님 그리고 배심원 여러분들, 제가 덧붙일 것도 없이 증인의 대답만으로도 신해통공 정책이 얼마나 많은 부작용을 가져왔는지 알 수 있습니다. 판결을 내릴 때 이런 점을 고려하여 주십시오. 제 질문은 이것으로 마치겠습니다.

판사　　피고 측 변호인 말씀하시지요.

이대로 변호사　　증인 이병모나 원고 측은 원인과 결과를 잘못 파악하고 있는 것 같군요. 신해통공 시행 이후 도고들이 기승을 부린 것은 사실이지만 신해통공 때문에 일어난 것이 아닙니다. 오히려 시전 상인의 독과점 체제를 무너뜨리고 자유 경제 체제로 전환한 계기가 된 것이 신해통공이었습니다. 임진왜란 이후 조선의 경제는 이미 엄청난 격변 속에 놓여 있었습니다. 시장이 늘어나고, 신분제가 와해되고, 기술이 발달하면서 상업 경제 체제로의 전환이 절실히 요구되던 시기였습니다. 오히려 시전 상인과 금난전권은 시대에 역행하고 있었던 것이죠. 정조와 채제공이 금난전권을 혁파한 것은 거대한 시대적 조류에 부응한 것입니다. 물론 그 전에 봉건적 상업 조직을 타파하고, 상업 발전에 새로운 물꼬를 튼 공로를 인정해야겠죠. 그 과정에서 사상인들의 성장은 자연스런 현상이었습니다.

판사　　두 변호인과 증인의 말씀 잘 들었습니다. 모두 수고하셨습니다. 이것으로 조선 시대의 상업 활동과 조선 후기에 시전 상인이 가졌던 금난전권이 폐지된 이유와 그 결과 등에 대해 알아보았습니다. 원고와 피고의 치열한 법정 공방과 증인들의 진술은 최종 판결에 반영될 것입니다. 잠시 휴정한 뒤 양측의 최후 변론을 듣고 오늘의 재판을 마치겠습니다.

다알지 기자

이번 재판이 막바지에 접어든 가운데 휴정 시간을 맞았습니다. 원고와 피고는 최후의 변론을 앞두고 있는데요, 서로 어떤 각오인지 들어 보겠습니다.

김시전

그동안 여러분들이 지켜보신 것처럼 금난전권이 폐지됨에 따라 조선의 상업 발전에 이바지했던 시전 상인은 몰락의 길을 걷게 되었습니다. 나를 비롯한 시전 상인들은 정부의 뜻을 받들며 국가의 발전을 위해 많은 노력을 기울였다고 자부합니다. 그럼에도 난전 상인의 요구에 따라 우리가 찬밥 신세가 되었고 정신적으로나 물질적으로 큰 피해를 입었었기에 이를 보상받고 명예를 회복하기 위해 소송을 제기한 것입니다.

이번 소송을 지켜보면서 나는 김딴지 변호사의 활약에 큰 감동을 받았습니다. 특히 김 변호사는 지금까지 어떤 재판에서도 패소한 적이 없었기에 이번에도 반드시 승리하리라는 확신을 가지고 있습니다.

존경하는 여러분! 그동안 저를 성원해 주셔서 감사합니다. 이제 마음 놓고 제가 승리하는 순간을 지켜봐 주시기 바랍니다. 파이팅!

여러분, 저는 이번 재판에 피고로 출석하면서 그
다지 많은 발언을 하지 않았습니다. 그것은 제가
이번 재판에서 반드시 승리할 수 있다는 확신이
있었기 때문입니다. 그렇다면 제가 왜 승리를 확
신하겠습니까? 처음부터 시전 상인은 봉건 체제에
서나 생명을 이어 나갈 수 있는 집단이었기 때문입니
다. 다시 말하면 그들은 정부의 권력에 기대어 호의호식하던
기생충이나 마찬가지였습니다. 기생충이란 표현이 심한가요? 하지만
시전 상인의 행태는 정말 기생충과 같았으니 그런 비유를 든 것을 이
해해 주시기 바랍니다.

인간은 사회적 동물이라고 했습니다. 그리고 본능적으로 다른 사람
들과 경쟁하며 자신의 이상을 실현해 나가면서 부와 명예를 얻으려고
노력하는 존재입니다. 나를 비롯한 조선 후기의 사상들은 정부의 간섭
을 받지 않고 소비자들에게 필요한 물품을 공급하며 조선의 상업 발전
에 이바지했습니다. 물론 그런 과정에서 부자가 된 상인들도 많이 생
겼습니다. 하지만 시전 상인들처럼 빈둥거리며 다른 상인의 재산을 수
탈해서 부자가 된 게 절대 아닙니다.

이번 재판을 지켜보면서 경제 전문가인 이대로 변호사의 노력에
깊은 감사를 드립니다. 상대인 김딴지 변호사는 승소율 100퍼센트라
는 걸 앞세우지만 이번에야말로 패배의 쓴맛을 보게 될 것임을 확신
합니다.

금난전권은 시전 상인의 당연한 권리입니다

vs

시대 흐름에 뒤떨어진 금난전권은 폐지해야 합니다

판사　자, 마지막으로 양측의 최후 변론을 듣고 판결을 내리겠습니다. 먼저 원고부터 말씀해 주시지요.

김시전　존경하는 재판장님, 그리고 배심원 여러분. 나는 조상 대대로 물려받은 시전을 운영하면서 성실하게 세금을 납부했으며 정부의 정책을 잘 따라 주었던 모범 시민이었습니다. 내가 시전 상인의 대표인 대행수로 선출되었다는 것은 그만큼 모든 시전 상인들의 모범이 되었기 때문입니다. 그런데 나를 비롯한 시전 상인들은 차츰 피고를 대표로 하는 난전 상인들로부터 심각한 도전을 받기 시작했습니다. 예로부터 상인들에게는 상도의라는 게 있으며 각자의 영업권을 서로 보호해 줄 의무가 있는 법입니다. 만약 이런 원칙이 제대로 지켜지지 않으면 시장 바닥은 그야말로 난장판이 되고 서로 폭력을 일삼게 되어 아수라장이 될 게 분명합니다.

시전 상인들은 정부의 각 관청에 물품을 공급했으며 꼬박꼬박 세금을 바쳐야 했습니다. 관리들이 요구할 때에는 노역에 동원되는 일도 많았습니다. 그런 대가로 고작 난전을 막을 수 있는 금난전권을 얻었을 뿐입니다. 그런데 문제는 난전을 막을 권한을 제대로 써먹지도 못한 채 난전 상인들에게 온갖 시달림을 받았으며 신해통공 등의 정책에 따라 금난전권을 빼앗긴 것입니다.

왜 정부 정책을 잘 따라 주었던 우리들이 정신적으로나 물질적으로 큰 피해를 입어야 합니까? 시대가 변했다는 이유로 법과 원칙을 편리한 대로 바꾸는 정부라면 어떤 백성이 정부를 믿고 그 정책을 고분고분 따를 수 있을까요?

이에 따라 나는 조선 후기의 상업 질서를 무너뜨린 난전 상인 대표 피고 박사상에게 물질적인 손해뿐만 아니라 정신적인 손해에 대해서도 배상할 것을 요구하는 바입니다. 재판장님과 배심원 여러분의 현명한 판단을 기대하겠습니다.

박사상　나는 나와 같은 상인이 왜 고소를 당해야 하는지 아직도 그 이유를 모르겠습니다. 내가 사상으로 활동하여 결국 부상대고로 이름을 떨친 것은 사실이지만 내가 재산을 모으고 부자가 되기까지는 원고가 미처 상상하지도 못했던 엄청난 노력이 있었습니다. 그런데 정부의 권력자들과 결탁한 시전 상인들은 어땠습니까? 그들은 세금을 내고 관리들의 녹봉까지 바치면서 큰 손해를 보았다는 이유로 영세한 난전 상인들을 마구 탄압했으며 조선의 상업 발전을 막았습니다. 내가 여러 차례 말했던 것처럼 조선 후기에는 자본주의가 싹트기 시작했습니다. 그 결과 오늘날에도 시대에 따라 역사를 구분할 때 조선 후기를 '근대사'에 포함시키고 있는 것입니다. 자본주의는 역사에서 중세와 근대를 구분하는 가장 큰 기준이 되고 있습니다. 금난전권이 폐지될 무렵의 조선에서는 자본주의가 시작되었으며 실학 사상이 무르익을 때였습니다. 그리고 중국을 통해 서양의 학문과 천주교까지 전래되어 사회적으로 큰 변화가 일어났습니다.

그럼에도 시전 상인들은 근대 사상에 아랑곳없이 자신들이 가진 금난전권을 지키기에 급급했던 것입니다. 한마디로 요약해 금난전권은 시대 흐름에 뒤떨어진 시전 상인의 특권일 뿐이었습니다. 따라서 늦게라도 금난전권이 폐지된 것은 바람직한 결과이며 그 전까지 사상들의 재산을 수탈한 원고 등이 오히려 배상을 하는 게 옳은 일이 아닐까요? 근면하고 성실하게 노력해 재산을 모으고 조선의 상업을 발전시킨 사상들에겐 아무런 잘못이 없다는 것을 말씀드리고 싶습니다.

판사 지금까지 재판에 참여했던 양측 변호사와 증인, 방청객, 그리고 끝까지 자리를 함께해 준 기자 여러분들 모두 수고 많으셨습니다. 배심원의 의견서는 4주 후에 저에게 전달될 예정이며 그들의 의견서를 참고하여 4주 후에 판결문을 공개하겠습니다. 그때까지 방청객과 여러분도 이번 재판에 대해 판결을 내려 보시길 바랍니다.

땅! 땅! 땅!

역사공화국 한국사법정 재판 번호 42 김시전 vs 박사상

주문

역사공화국 한국사법정은 원고 김시전이 피고 박사상을 상대로 제기한 물질적, 정신적 손해 배상 청구를 기각한다.

판결 이유

이 재판은 시전 상인이 사상들에게 금난전권이 폐지된 데 따른 정신적, 물질적인 손해를 배상하라는 요구에서 시작되었다. 원고는 조선 초기부터 상인들이 정부의 부당한 간섭을 받았으며 시전 상인들이 수백 년 동안 납세의 의무를 다했고 정부 정책에 충실히 따라 조선의 상업을 발전시키는 데 크게 이바지했음을 주장했다. 그러나 조선 후기의 신해통공으로 금난전권이 폐지되었고 결국 원고 김시전은 큰 피해를 입었기에 금난전권을 폐지하게 만든 박사상에게 소송을 제기하게 되었다. 이에 대해 피고는 시전 상인들이 가진 특권에 따라 사상들이 많은 탄압을 받았으며 특히 영세 상인들이 재산을 빼앗기는 등 물질적인 피해를 입었음을 진술했다. 그리고 금난전권이 시대착오적인 정책이었으므로 폐지된 게 당연함을 항변했다.

이번 재판에서는 시전 상인이 조선 정부의 정책에 따라 전통적으로 시전을 열고 납세 등의 의무를 충실히 이행했음을 인정하는 바이지만 조선 후기로 접어들면서 사회가 급변했으며 신분 질서 변천, 대동법 등에 따라 상업 구조에 큰 변화가 닥쳤다. 특히 시전 상인들이 판매 물품을 독점함에 따라 물가가 폭등하고 이를 극복하기 위해 자연스럽게 전국 각지에 장시가 들어서고 사상 세력이 등장한 것으로 판단하는 바이다.

반면 시전 상인은 사상 세력의 등장을 큰 위기로 인식해 금난전권을 얻게 된 것이나 오히려 상인들 사이의 갈등과 분란의 이유가 되었으며 상업의 발전에도 큰 장애가 되었다. 따라서 정부가 뒤늦게 금난전권을 폐지한 것은 당연하며, 이에 대해 원고가 사상들로 인해 정신적, 물질적인 피해를 입었다며 제기한 이번 소송은 타당한 이유가 없다. 원고가 국가에 대한 여러 의무를 충실히 수행한 점은 인정하지만 금난전권이라는 특권을 이용해 피고 등 난전 상인들의 재산권을 침해한 것은 옳지 않다는 점을 강조하고자 한다.

금난전권은 인간 생활에 필요한 수요와 공급의 원칙을 강제로 막는 것이며, 인간 사회의 보편적인 진리에 따르지 않은 정책으로 볼 수 있다. 따라서 자본주의와 자유 시장 경제 체제가 싹트기 시작한 조선 후기에는 금난전권을 폐지하는 것이 그 시대 흐름에 맞는 것으로 보아 이번 소송은 원고의 주장을 기각하는 것으로 마무리한다.

역사공화국 한국사법정 담당 판사 공정한

"시대의 흐름을 거스를 수 없을지라도 조선 정부의 편 가르기 정책이 아쉽습니다"

　　역사공화국 최고의 변호사인 김딴지 변호사는 사무실에 앉아 재판에서 완벽하게 패배한 이유를 곱씹고 있었다.

　　'대체 내가 진 이유는 무엇일까? 내가 이대로 변호사보다 무능했단 말인가? 아니면 게으른 탓일까? 그건 절대 아니야. 나는 재판에서 이기기 위해 밤마다 수많은 역사책들을 탐독했어. 이해가 안 되는 대목은 밑줄을 그어 가며 몇 번씩 읽었는데 대체 왜 패배한 것일까?'

　　그때 사무장이 이번 재판을 의뢰한 원고 김시전이 찾아왔음을 알렸다.

　　'이크, 재판에서 진 이유를 따지러 온 건 아니겠지.'

　　"잘 오셨습니다. 안 그래도 정해진 수임료 이상의 비용을 주셔서 전화 드리려고 했습니다. 이번 재판에 패배하게 되어 면목 없습니다."

김시전은 처음에 사무실에 찾아와 소송을 의뢰할 때의 당당하고 정정한 모습과는 달리 노쇠하고 무력한 모습이었다.

"아닙니다. 사실 이번 재판의 결과가 그렇게 충격적이지만은 않습니다. 처음에 김딴지 변호사를 찾아올 때만 해도 변호사님의 승소율을 믿고 기대를 걸었지만 막상 이렇게 되고 보니 마음 깊은 곳에선 어느 정도 결과를 예상했었는지 재판 결과를 쉽게 받아들일 수 있었습니다. 물론 체념에 가깝긴 하지만요"

"그게 무슨 말씀이십니까?"

"김 변호사님도 시전 상인에게 불리한 여러 정황을 두고 애 많이 쓰셨습니다. 사실 우리에겐 절대 이길 수 없는 큰 적이 있었지요. 시대의 흐름이라는 거스를 수 없는 적 말입니다. 이대로 변호사의 말대로 그 당시 조선은 자유 경제 체제라는 흐름을 향해 나아가고 있었습니다. 아니, 조선뿐만이 아니라 전 세계의 공통된 움직임이었지요. 상인의 기본적인 자질은 시류를 잘 파악하는 것입니다."

자조 섞인 목소리로 김시전이 계속 토로하자 김딴지 변호사가 말을 이었다.

"그런 말씀 마세요. 시전 상인 중 규모가 큰 육의전을 운영하고, 시전 상인의 대표까지 하신 분께서 당시의 상황을 파악하지 못했다는 것은 말도 안 되죠."

"그렇습니다. 조선의 경제가 어떻게 변화하고 있는지 경제계의 제일선에 있는 나도 모르진 않았습니다. 다만 상대도 안 된다고 여겼던 난전 상인에게 위협당하고 충성했던 나라에 배신당하고 보니 인정하고 싶지 않았던 것 같습니다. 상인이 이익을 좇는 것이 당연하다고 생각하면 이제는 난전 상인조차 조금은 용서할 수 있을 것 같습니다. 그러나 금난전권을 고집해 온 시대착오적인 인물로 낙인찍힌 나지만 조정에 대해서만은 섭섭함이 지워지지 않습니다."

"어떤 이유에서입니까? 이왕 오셨으니 저한테 풀어놓고 가시지요."

김딴지 변호사가 위로하자 김시전의 눈시울이 붉어졌다.

"재판에서 여러 번 언급했듯이 우리는 나라를 위해 여러 가지로 봉사하며 충성했는데 어떻게 노론과 손을 잡았다는 이유로 그렇게

왜 금난전권이 폐지되었을까?

내칠 수 있습니까? 정조와 채제공은 위민 정책을 펼쳤다는 이유로 사람들로부터 칭송을 받고 있지만 그것이 바로 위선입니다. 노론이 만약 난전 상인의 편이었다면 난전 상인은 전보다 더욱더 탄압받았을 것입니다. 게다가 상업 자유화가 경제 변화의 흐름이었더라도 그동안 나라에 충성했던 그간의 정리를 생각해서 우리의 편의를 봐주면서 서서히 정책을 추진할 수도 있지 않았을까요? 아니면 담배와 인삼, 소금처럼 정부가 전매사업을 벌여 우리에게 살길을 열어 주는 방법도 있고요. 아무런 검토 없이 실행한 정책 때문에 나는 19세기에 들어서면서 경제가 쇠퇴했다고 생각합니다. 사치품 수입 때문에 금이 대량으로 외국으로 유출되고 화전으로 삼림이 파괴되는데도 조선은 그럴듯한 정책을 내놓지 않았습니다. 조선이 노론이니 남인이니 하는 편 가르기로 정책을 결정하지 않았더라면 나 같은 시대의 낙오자가 나오진 않았을 거란 아쉬움이 늘 남습니다.”

김시전 영감이 돌아가자 김딴지 변호사는 쓰디쓴 커피를 마시며 창밖을 물끄러미 바라보았다. 파란 하늘에는 솜사탕 같은 뭉게구름이 떠다니고 있었다. 구름을 보자 변호사가 되어 처음으로 의뢰를 맡았을 때의 일이 떠올랐다.

‘그래! 처음으로 돌아가자. 재판에서 한 번 졌다고 패배자처럼 고개를 떨굴 필요는 없어. 그리고 재판 결과도 중요하지만 의뢰인의 마음을 위로해 주는 변호사가 되자! 다시 힘내자, 김딴지!’

경기도 안성의 안성맞춤 박물관

경기도 안성에 위치한 중앙대학교 안성 캠퍼스 내 부지에는 '안성 맞춤 박물관'이 있습니다. 여기서 '안성맞춤'이라는 말은 원래 요구하 거나 생각한 대로 잘된 물건을 비유적으로 이르는 말입니다. 경기도 안성에 유기를 주문하여 맞추면 잘 들어맞는다는 데서 유래한 말이지 요. 이름에서 알 수 있는 것처럼 안성맞춤 박물관에서는 안성의 대표 특산물인 유기를 만날 수 있습니다. 이외에도 다양한 역사적인 유물을 만나 볼 수 있지요.

박물관의 전시는 상설 전시와 기획 전시로 나누어서 진행됩니다. 이 중 상설 전시는 안성의 특산물인 유기를 관찰할 수 있는 '유기 전시실' 과 계절별로 농사 과정을 살펴볼 수 있는 '농업 역사실', 장인 정신을 느껴 볼 수 있는 '향토 사료실'로 구성되어 있습니다.

유기 전시실에서 볼 수 있는 유기는 놋쇠로 만든 기물을 말합니다. 지금은 잘 쓰지 않지만 조선 시대만 해도 사대부가에서는 널리 쓰인 그 릇이지요. 그리고 농업 역사실에서는 조선 시대에 사용한 각종 농기구 를 살펴볼 수 있고, 봄의 파종과 여름의 김매기, 가을의 수확, 겨울철의 가마니 짜기 등 계절별로 달라지는 농사의 과정을 볼 수 있습니다.

특히 향토 사료실에서는 조선 시대 전국 최대 시장 중 하나라고 하

안성맞춤 박물관. 안성맞춤 박물관 전경과 내부 전시실.

는 안성장을 재현한 모습을 매직비전 등을 통하여 볼 수 있습니다. 당시 안성은 물건을 팔기 위해 전국 각지에서 상인들이 몰려든 곳이었지요. 연암 박지원의 「허생전」으로 유명한 '안성장'은 조선 시대 가장 번성했던 시장으로 손꼽힐 정도였습니다. 전라도, 경상도 등지의 물건이 한양으로 올라오는 길목에 위치한 덕분이었습니다.

찾아가기 경기도 안성시 대덕면 내리 산57-2
서울에서 갈 때는 남부터미널 또는 강남고속버스터미널 안성행(15~20분 간격)
→ 안성 중앙대 하차 도보 1분
수원에서 갈 때는 수원 버스터미널 안성행(15~20분 간격) → 안성 중앙대 하차
도보 1분

『역사공화국 한국사법정 42 왜 금난전권이 폐지되었을까?』와 관련
한 논술 문제를 풀어 봅시다.

※ 다음 제시문을 읽고 물음에 답하시오

(가)   짚신에 감발 치고 패랭이 쓰고

　　　　꽁무니에 짚신 차고 이고 지고

　　　　이 장 저 장 뛰어가서

　　　　장돌뱅이 동무들 만나 반기며

　　　　이 소식 저 소식 묻고 듣고

　　　　목소리 높여 고래고래 지르며

　　　　비가 오나 눈이 오나 외쳐 가며

　　　　돌도부 장사하고 해 질 무렵

　　　　손잡고 인사하고 돌아서네.

　　　　다음 날 저 장에서 다시 보세.

　　　　　　　　　　　　－이효석의 「메밀꽃 필 무렵」 중에서

(나) 행상들은 조선 팔도를 돌아다녀야 했고, 그래서 그들의 삶은 고
　　달팠다. 험한 산을 몇 고개 넘다가 다치기도 하고 도적이나 맹수
　　의 공격을 받기도 했다. 등에 진 봇짐이 무거워도 집으로 돌아갈

수는 없었다. 장이 열리는 곳으로 가서 물건을 팔아야 했기 때문이다. 그러던 행상들은 조선 초기부터 행상 단체를 만들었고, 보부상단을 조직하기도 했다. 물론 모든 행상들이 보부상단에 가입된 것은 아니었지만 이 행상들, 장돌뱅이들이야말로 조선 유통에 가장 넓게 퍼진 핏줄과 같은 존재였다. 왜냐하면 조선 시대 큰 도시에는 시전이 있었지만, 전국적으로는 그렇지 못한 곳이 많았기 때문이다. 그리고 지금처

김홍도의 〈행상〉

럼 교통이 발달하지 못했기 때문에 물건이 필요해도 구할 길이 막막했다. 이런 탓에 물건을 들고 여기저기 팔러 다니는 행상의 존재는 없어서는 안 될 귀중한 존재였던 것이다.

1. 제시문 (가)는 어떤 인물의 이야기인지 글에서 찾아 쓰고, 그 인물이 처한 사회적 위치와 역할에 대해 제시문 (나)를 참고하여 논술하시오.

※ 다음 제시문을 읽고 물음에 답하시오

(가) 안성장에는 과일이 많이 났습니다. 대추, 밤, 감, 배, 석류, 귤,
유자 따위의 과일들이 전국에서 안성 장터로 모여 들어 쌓였습
니다.

　　물건을 파는 상인과 물건을 사려는 사람들이 서로 가격을 흥
정하느라 떠들썩했습니다.

　　"이 사과 값 좀 깎아 주시오."

　　"아이고, 큰일 날 말씀입니다."

　　안성장을 둘러보던 허생은 빙그레 미소를 지었습니다. 그리
고는 거래되는 물건의 양을 유심히 살폈습니다. 안성장은 경기
와 호남의 갈림길에 위치하여 여러 곳에서 나는 과일들이 모여
드는 곳이기도 했지요.

　　장터 가까운 곳에 제법 큰 도가가 허생의 눈에 띄었습니다.
도가란 같은 장사를 하는 상인들이 모여 계나 장사 등에 대해

김득신의 〈귀시도(歸市圖)〉

의논하는 집을 가리키지요. 도가 안으로 들어간 허생은 주인을 찾았습니다.

"어험, 주인 안 계시오?"

"네, 제가 주인인 윤씨라고 합니다."

"나는 한양에서 온 사람인데 오늘부터 과일이란 과일은 모두 거두어 사 주시오."

"네? 모두 다 말씀입니까?"

"그렇소, 값은 상관없으니 모조리 다 사야 하오."

(나) 장안에서 과일이 사라지자 이번에는 과일 장수들이 허생을 찾아왔습니다. 과일 값은 열 배 이상으로 팔려 나갔습니다. 한 달

이 못 되어 곳간이 텅텅 비었습니다. 과일이 다 팔리고 허생의 손에는 10만 냥이라는 돈이 들어왔습니다. 처음 과일을 사들일 때 사용한 돈이 만 냥이었으니까 허생은 열 배 이상의 이익을 얻은 것입니다.

2. 제시문 (가)와 (나)는 박지원의 「허생전」 중 일부입니다. 이와 같은 허생의 행동에 대해 찬성하는 입장과 반대하는 입장 중 하나의 입장을 선택해 그 입장을 지지하는 글을 쓰시오.

왜 금난전권이 폐지되었을까?

해답 1 (가)는 '장돌뱅이 민요' 또는 '장돌뱅이 타령'이라고도 불리는 민요로 장돌뱅이들의 이야기를 담고 있습니다. 일반적으로 '장돌뱅이'란 말 그대로 장을 도는 사람을 뜻하며, 행상을 가리키는 말이지요. 다른 말로는 '보부상'이라고도 하며 '보상'과 '부상'으로 나누기도 합니다. 보상은 보자기에 싸서 들거나 걸머지고 다니며 판매했고, 부상은 물건을 지게에 얹어 등에 짊어지고 다니면서 판매했습니다. 이에 따라 보상을 '봇짐장수', 부상을 '등짐장수'라고도 했지요.

조선 시대에는 이 보부상, 즉 장돌뱅이들의 역할이 매우 중요했습니다. 조선 시대에는 상설 점포가 많지 않았기 때문이지요. 날짜를 정해 놓고 그 날짜에 장을 열고는 했습니다. 이것이 3일마다 여는 장이면 '3일장', 5일마다 여는 장이면 '5일장'이라고 부릅니다. 그래서 장돌뱅이들은 한곳에 머무르지 않고 시장이 열리는 곳을 찾아가서 물건을 팔고는 했습니다. 하는 일이 고달프고 힘들었기 때문에 사회적으로는 크게 인정을 받지 못했습니다. 하지만 이 장돌뱅이들이야말로 조선 시대 유통에서는 빠질 수 없는 아주 중요한 존재였답니다.

해답 2 제시문 (가)와 (나)는 연암 박지원의 「허생전」 중 일부분입니다. 박지원은 이 이야기를 통해 상공업의 필요성을 말하고 허례허식의 불필요함을 말하고자 했습니다. (가)에서 허생은 도가의 주인에게 과일이라는 품목을 모조리 사들일 것을 주문했습니다. 이는 바로 '매점매석'에 관련된 내용인데요, 매점매석이란 물건값이 오를 것을 예상하고 물건을 많이 사두었다가 값이 오른 뒤 다시 파는 것을 말합니다. 이러한 방법으로 허생은 (나)에서 열 배나 많은 돈을 벌게 되었지요.

그런데 이러한 매점매석을 하게 되면 개인에게는 큰 이익이 될 수 있으나 사회적으로는 큰 문제가 아닐 수 없습니다. 첫째, 물건의 가격이 크게 오르게 됩니다. 허생에게 과일을 비싸게 사 간 사람들은 이 과일을 더 비싸게 팔 것이니까 말이죠. 둘째, 시장 경제의 약점을 드러내어 줍니다. 정부나 기관에서 계획하여 운용하는 경제가 아니라 자유로운 시장 경제의 경우 허생과 같은 사람이 또 나타나지 않으리라는 법은 없으니까요.

따라서 허생과 같은 매점매석의 행위는 옳지 않은 행위로 동기가 어떻든 간에 바람직하지 못한 일입니다.

* 해답은 예시로 제시된 내용입니다.

역사공화국 한국사법정 42

왜 금난전권이 폐지되었을까?

© 이정범, 2012

초판 1쇄 발행일 2012년 3월 7일
초판 5쇄 발행일 2021년 12월 20일

지은이   이정범
그린이   박은애
펴낸이   정은영

펴낸곳   (주)자음과모음
출판등록   2001년 11월 28일 제2001-000259호
주소   10881 경기도 파주시 회동길 325-20
전화   편집부 (02) 324-2347 경영지원부 (02) 325-6047
팩스   편집부 (02) 324-2348 경영지원부 (02) 2648-1311
이메일   jamoteen@jamobook.com

ISBN 978-89-544-2342-7 (44910)

과학자가 들려주는 과학 이야기 (전 130권)

위대한 과학자들이 한국에 착륙했다!
어려운 이론이 쏙쏙 이해되는 신기한 과학수업,
〈과학자가 들려주는 과학 이야기〉 개정판과 신간 출시!

〈과학자가 들려주는 과학 이야기〉 시리즈는 어렵게만 느껴졌던 위대한 과학 이론을 최고의 과학자를 통해 쉽게 배울 수 있도록 했다. 또한 지적 호기심을 자극하는 흥미로운 실험과 이를 설명하는 이론들을 초등학교, 중학교 학생들의 눈높이에 맞춰 알기 쉽게 설명한 과학 이야기책이다.

특히 추가로 구성한 101~130권에는 청소년들이 좋아하는 동물 행동, 공룡, 식물, 인체 이야기와 최신 이론인 나노 기술, 뇌 과학 이야기 등을 넣어 교육 과정에서 배우고 있는 과학 분야뿐 아니라 최근의 과학 이론에 이르기까지 두루 배울 수 있도록 구성되어 있다.

★ 개정신판 이런 점이 달라졌다! ★

첫째, 기존의 책을 다시 한 번 재정리하여 독자들이 더 쉽게 이해할 수 있게 만들었다.

둘째, 각 수업마다 '만화로 본문 보기'를 두어 각 수업에서 배운 내용을 한 번 더 쉽게 정리하였다.

셋째, 꼭 알아야 할 어려운 용어는 '과학자의 비밀노트'에서 보충 설명하여 독자들의 이해를 도왔다.

넷째, '과학자 소개·과학 연대표·체크, 핵심과학·이슈, 현대 과학·찾아보기'로 구성된 부록을 제공하여 본문 주제와 관련한 다양한 지식을 습득할 수 있도록 하였다.

다섯째, 더욱 세련된 디자인과 일러스트로 독자들이 읽기 편하도록 만들었다.

철학자가 들려주는 철학 이야기 (전 100권)

아이들의 눈높이에 맞춘 철학 동화!
책 읽는 재미와 철학 공부를 자연스럽게 연결한 놀라운 구성!

대부분의 독자들이 어렵게 느끼는 철학을 동화 형식을 이용해 읽기 쉽게 접근한 책이다. 우리의 삶과 세상, 인간관계에 대해 어려서부터 진지하게 느끼고 고민할 수 있도록, 해당 철학 사조와 철학자들의 사상을 최대한 풀어 썼다.

이 시리즈의 가장 큰 장점은 내용과 형식의 조화로, 아이들이 흔히 겪을 수 있는 일상사를 철학 이론으로 해석하고 재미있는 이야기로 담은 것이다. 또한 아이들의 눈높이에 맞는 쉽고 명쾌한 해설인 '철학 돋보기'를 덧붙였으며, 각 권마다 줄거리나 철학자의 사상을 상징적으로 표현한 삽화로 읽는 재미를 더한다. 철학 동화를 이끌어가는 주인공을 형상화하고 내용의 포인트를 상징적으로 표현한 삽화는 아이들의 눈을 즐겁게 만들어준다. 무엇보다 이 시리즈는 철학이 우리 생활 한가운데 들어와 있고, 일상이 곧 철학이라는 사실을 잘 보여준다. 무엇보다 자기 자신을 극복한다는 것, 인간을 사랑한다는 것, 진정한 인간이 된다는 것, 현실과 자기 자신을 긍정한다는 것 등의 의미를 아이들의 시선에서 풀어내고 있다.

과학공화국 법정시리즈 (전 50권)

생활 속에서 배우는 기상천외한 수학 · 과학 교과서!
수학과 과학을 법정에 세워 '원리'를 밝혀낸다!

이 책은 과학공화국에서 일어나는 사건들과 사건을 다루는 법정 공판을 통해 청소년들에게 과학의 재미에 흠뻑 빠져들게 할 수 있는 기회를 제공한다. 우리 생활 속에서 일어날 만한 우스꽝스럽고도 호기심을 자극하는 사건들을 통하여 청소년들이 자연스럽게 과학의 원리를 깨달으면서 동시에 학습에 대한 흥미를 가질 수 있도록 구성하였다.

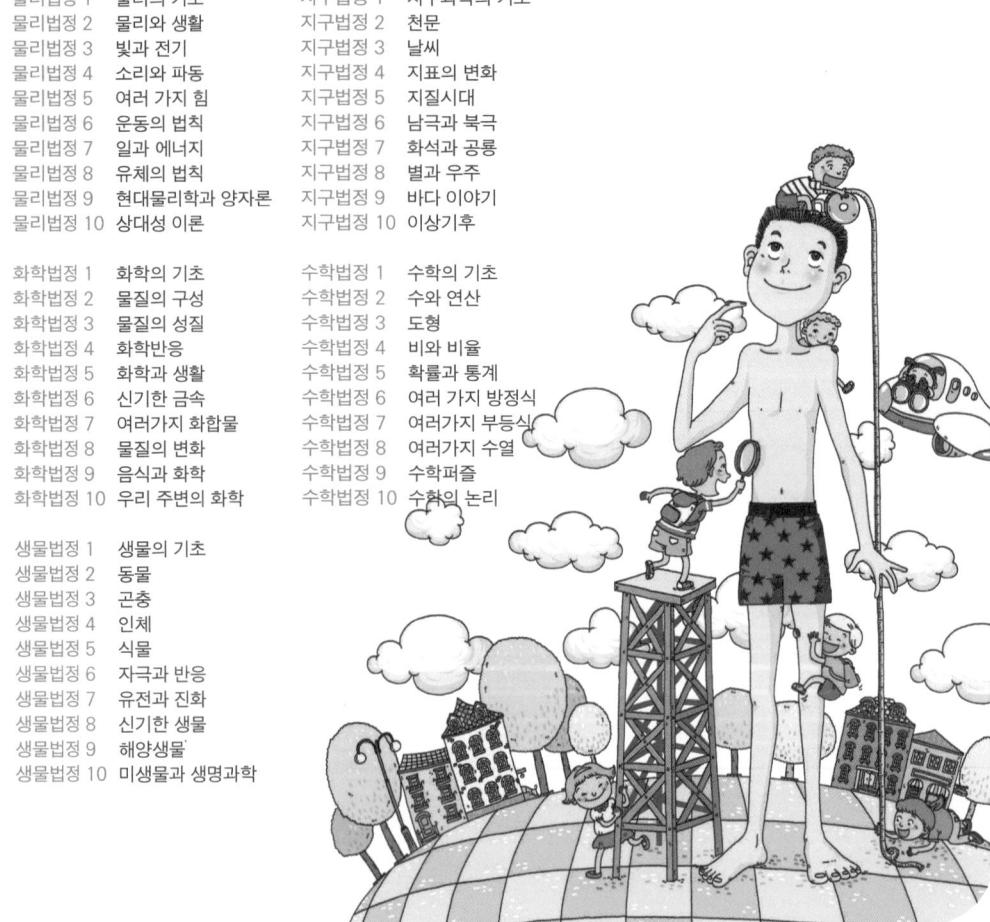